Peter Bichsel
Des Schweizers Schweiz
und andere Aufsätze

Peter Bichsel
Des Schweizers Schweiz
Aufsätze
Mit Fotos von Henri Cartier-Bresson
Arche

1. Auflage Juli 1989
2. Auflage Januar 1990
3. Auflage März 1991
© 1969, 1984, 1989
by Arche Verlag AG, Raabe+Vitali, Zürich
Alle Rechte vorbehalten
Fotos © by Henri Cartier-Bresson
Fotonachweis: Siehe S. 132
Umschlag: Hannes Binder, Zürich
Satz: Fotosatz Otto Gutfreund, Darmstadt;
Uhl+Massopust, Aalen
Druck, Bindung: Wilhelm Röck, Weinsberg
Printed in Germany
ISBN 3-7160-2101-6

Inhalt

Des Schweizers Schweiz 9

Sitzen als Pflicht 39

Dem Bestehenden Schwierigkeiten
machen 59

Der Virus Reichtum 77

Die Armee ist tödlich 105

Notizen zur Misere 121

Des Schweizers
Schweiz

Ich bin Schweizer.

Wenn ich meiner Mutter sage: »Ich gehe nach Deutschland« oder »Ich gehe nach Frankreich« oder »Ich gehe nach Schweden«, dann sagt sie: »Du gehst also ins Ausland.«

Für die Schweizer gibt es zwei Welten: das Inland und das Ausland. Wenn ich ins Ausland gehe, sagt meine Mutter: »Paß auf, daß dir nichts gestohlen wird, gib deinen Koffer nicht aus der Hand.« Schweizer tragen im Ausland ihr Geld in Beuteln unter dem Hemd oder eingenäht in die Unterwäsche.

Für uns hat das Wort Ausland immer noch den Klang von Elend.

Wenn ich dort sage: »Ich bin Schweizer«, erwarte ich etwas, einen Ausruf des Erstaunens, Überraschung, Hochachtung oder wenigstens Freundlichkeit.

Während meines Berlinaufenthaltes passierte ich oft den Grenzübergang zwischen West- und Ost-Berlin. Man hat dort das Gefühl, das man sich an andern Grenzen immer wieder abringen möchte: das Gefühl, in eine andere Welt zu kommen, man empfindet Angst, man geht ins Unbekannte.

Mir fiel auf, daß ich an diesem Übergang immer viele Schweizer sah. Ich sprach nicht mit ihnen, und sie sprachen nicht, und ich wußte doch, daß es Schweizer sind. Woran ich sie erkannte, wurde mir vorerst nicht bewußt. Es schien mir ganz einfach selbstverständlich. Andere Nationalitäten ließen sich jedenfalls weniger deutlich unterscheiden. Ein nächstes Mal achtete ich genau darauf, woran ich sie erkenne, und ich konnte die Richtigkeit meiner Beobachtung an mir selbst nachprüfen.

Andere Nationalitäten nehmen ihren Paß erst vor dem Beamten aus der Tasche oder tragen ihn irgendwie und unauffällig in der Hand; die Schweizer aber tragen ihren Paß gut sichtbar, ihren roten Paß mit dem weißen Kreuz. Er soll sie schützen, und die Tatsache, daß sie Schweizer sind, soll die Gefahr abwenden, soll ihnen Vorteile bringen; sogar hier bei ostdeutschen Volkspolizisten, die sie nicht zu ihren Freunden zählen. Ich bin Schweizer. Das hat also mehr zu bedeuten als einfach die Antwort auf die Frage: »Woher kommen Sie?«

Darin soll der andere bereits persönliche Qualifikationen erkennen, wie in der Antwort: »Ich

bin Leichtathlet« oder »Ich bin Boxer« oder »Ich bin Physiker«.
Der Erfolg bleibt selten aus. Der andere reagiert wenigstens damit, daß er sagt: »Die Schweiz ist wunderschön.«
»Die Schweiz ist wunderschön.«
Wir fassen das nicht nur als Kompliment auf, wir sind selbst davon überzeugt. Wenn wir den Satz hören, denken wir nicht nur an Landschaftliches, sondern an ein Ganzes, und wenn schon an Landschaftliches, so erscheint uns auch diese Landschaft als Leistung.
Ein Lehrer hielt einen enthusiastischen Lichtbildervortrag über die Schweiz. In der Einleitung erzählte er, daß er einmal einem Freund aus Südfrankreich gesagt habe: »Südfrankreich ist schön«, und daß dieser geantwortet habe: »Nein, die Schweiz ist schön.« Seit jenem erschütternden Erlebnis verbringt der Lehrer seine Ferien nur noch in der Schweiz. So wenig braucht es, um einem Schweizer das zu bestätigen, was er bereits weiß.
»Die Schweiz ist schmutzig«, das ist nachweisbar falsch. Nachweisbar falsch sind für uns auch die Sätze: »Die Schweiz ist unfrei«, »Die

Schweiz ist rückständig«, »Die Schweiz ist reaktionär«, weil wir davon überzeugt sind, daß der Begriff ›Schweiz‹ die Begriffe ›Freiheit‹ und ›Fortschritt‹ zum vornherein beinhalte.

Daß das Ansehen der Schweiz im Ausland gelitten habe, gilt bei uns als Phänomen. Wir ziehen daraus den Schluß, daß man den andern den Sonderfall Schweiz besser erklären müsse. Das Phänomen ist also sprachlicher Art, das heißt, die andern kennen die Wörter nicht mehr, mit denen man den Begriff Schweiz zu verbinden hat.

Jedenfalls steht oder fällt die Schweiz mit dem Ansehen, das sie genießt. Das wird für andere Länder nicht anders sein, überraschend ist nur, daß wir trotzdem von unserer geistigen Unabhängigkeit, von unserem Sonderfall, von unserem trotzigen Eigensinn überzeugt sind.

Zum Bild der heutigen Schweiz gehört der Zweite Weltkrieg. Wer ihn nicht als Erwachsener erlebt hat, hat Mühe, eine politische Meinung zu vertreten. Wenn man in einer politischen Diskussion nach dem Jahrgang gefragt wird, dann aus diesem Grund.

Der Krieg hat unser Selbstbewußtsein gestärkt. Daß wir verschont wurden, beweist sozusagen alles, was wir bewiesen haben wollen: die Kraft unserer Armee, unsere Redlichkeit, die Stärke des Staates, die Demokratie und die Gottgefälligkeit unseres Landes.

Wir Schweizer sind Antikommunisten. Deshalb bestärkt uns das Erlebnis des Krieges in unserem Antikommunismus. Daß der Krieg gegen die Faschisten geführt wurde, ist bedeutungslos geworden.

Wir sind überzeugt, daß es unser Verdienst ist, verschont worden zu sein: das Verdienst General Guisans und unser aller Verdienst, denn wir müssen mit unserem Verhalten, mit unserer Armee und mit der Schönheit unseres Landes Gott beeindruckt haben.

Die Schweiz war während des Krieges ein Paradies. Sie war die Zauberformel für die Verfolgten, das Gelobte Land. Auch unsere Landschaft bekam in den Augen der Leidenden den Anstrich des Paradiesischen. Der Staat Schweiz und die Landschaft Schweiz bildeten für sie die Einheit, von der wir selbst überzeugt sind.

Weil die Einheit ›Schöne Schweiz – gute Schweiz – fortschrittliche Schweiz – humane Schweiz‹ selbstverständlich ist, fassen wir Kritik am einzelnen immer als Kritik am Ganzen auf. Eine Kritik beginnt bei uns deshalb mit einem umständlichen Bekenntnis zum Ganzen.

Der Generalstreik und der Sozialismus am Anfang des Jahrhunderts werden nach wie vor von den Leuten nicht als Kritik am einzelnen, sondern als staatsfeindlich interpretiert. Auch nachdem die Sozialistische Partei groß und brav geworden ist, wird niemand an einen Sozialisten denken, wenn er an einen Schweizer denkt. Dieses nicht ganz Stubenreinsein ist denn auch alles, was die Sozialisten an Opposition zu bieten haben.

Wir sind ein bürgerliches Land.

Man kann das auch positiv sagen: ein Land von Bürgern.

Der Schweizer glaubt, politisch interessiert zu sein. Er ist sogar ehrlich davon überzeugt, daß er sich selbst eine politische Meinung bildet, daß er unbeeinflußbar ist.

Doch die politische Auseinandersetzung neigt bei uns zu Sentimentalisierungen. Die Fragen heißen nicht: Was ist falsch, was ist richtig? oder: Was dient der Sache, was dient ihr nicht?

Die Fragen heißen: Was ist anständig, was ist unanständig? Was ist moralisch, was ist unmoralisch? Und mit dieser Fragestellung wird dann auch der politische Gegner bekämpft. Die Opposition wird nicht einer Irrlehre oder eines Irrtums bezichtigt, sondern der Unanständigkeit.

Mit dem Satz: »Das gehört sich nicht« richtet man gegen sie mehr aus als mit Argumenten.

Wir sind das Land der Freiheit und mit Schiller und mit den Ausländern davon überzeugt, daß wir uns die Freiheit mit Revolutionen erkämpft hätten.

Das ist nicht wahr. Wir sind ganz und gar nicht das Land der Revolutionen und waren es nie.

Aber wir glauben daran, daß unsere Schweiz eine typische Schweiz sei, und fügen unserem Bild der Schweiz kritiklos alles Positive bei, was Ausländer von der Schweiz halten. Wir haben uns angewöhnt, die Schweiz mit den Augen unserer Touristen zu sehen. Ein Durchschnittsschweizer hält von der Schweiz genau dasselbe, was ein Durchschnittsengländer von der Schweiz hält.

Unsere Vorstellung von unserem Land ist ein ausländisches Produkt. Wir leben in der Legende, die man um uns gemacht hat.

Wir sind reaktionär.

Unsere geschichtliche Entwicklung ist eine ständige Reaktion auf das Ausland.

Rudolf von Habsburg war ein moderner Staatsmann. Die Waldstätter wollten es aber weiterhin so haben, wie es immer war. Der Aufstand der Waldstätter war nicht ein Aufstand gegen jahrelange Unterdrückung, sondern ein Aufstand gegen Neuerungen. Nicht Revolutionen, sondern Reaktionen prägten unser Land.

Wir sind mit unserer Zurückhaltung nicht

schlecht gefahren; aber wir haben deswegen wohl ein schlechtes Gewissen. Aus diesem Grunde versuchen wir, in unserer Geschichte die Vorgänge immer wieder als revolutionär, als heldisch, als idealistisch darzustellen.

Wir glauben, daß die Urschweizer den Gedanken der Freiheit in die Welt gesetzt hätten. Daß das nicht so sein kann, läßt sich daran beweisen, daß sie bedenkenlos Untertanen beherrschten.

Sie haben sich gegen die Fremden gewehrt, das ist alles; und es beeindruckt mich, daß sie mit wenig Idealismus, vierschrötig und schwerfällig imstande waren, so etwas wie einen Staat zu bilden. Das scheint mir auch vorbildlich zu sein. Wir aber meinen, daß unsere idealisierte, pathetische, heldische Geschichte ein leuchtendes Vorbild für die Welt sei. Und die Welt nimmt uns das ab und glaubt an Blutzeugen der Freiheit.

Ich kann mir einfach nicht vorstellen, daß die alten Eidgenossen idealere Gestalten waren als mein Nachbar und ich.

Unser Land ist 120, vielleicht 150 Jahre alt. Alles andere ist Vorgeschichte und hat viel mit unseren Landesgrenzen und wenig mit unserem Land zu tun.

Das Wichtigste dieser Vorgeschichte ist das Erringen der Unabhängigkeit. Unabhängigkeit ist nicht Freiheit, es gibt unabhängige unfreie Länder.

Auf dieser Unabhängigkeit konnte aber der Staat gegründet werden; daß es ein freier Staat wurde, hat mit Tell sehr wenig, mit Winkelried fast nichts, aber sehr viel mit den Liberalen des frühen 19. Jahrhunderts zu tun. Ihnen habe ich meine persönlichen Freiheiten zu verdanken. Sie haben sie gegen Widerstände und Mehrheiten durchgesetzt. Sie wollten einen Staatsgedanken durchsetzen, nicht nur wirtschaftliche Interessen. Demokratie hieß für sie, gemeinsam einen Staat bilden, nicht gemeinsam persönliche Vorteile aus dem Staat herausholen.

Ihre Nachkommen würden die Leute von 1848 zu den Unanständigen zählen, denn die Liberalen waren die Opposition, die Neuerer, die ›Linke‹. Die Bundesverfassung ist ihr Werk.

Aber sie haben keine Nachkommen. Niemand beruft sich auf 1848. Man beruft sich nach wie vor auf den Geist von 1291. Wir halten uns nach wie vor an Tell. Er verpflichtet uns fast zu nichts, nur zur Unabhängigkeit.

1848 würde uns zum Staat und zur Aufgeschlossenheit verpflichten.

Waffengerassel und Kraftprotzentum unserer Vorgeschichte macht uns mehr Eindruck als die politische Leistung der Liberalen.

Vielleicht ist es so, daß immer noch viele Schweizer über 1848 nicht froh sind. Das überrascht nicht, denn 1848 waren viele sehr unglücklich darüber.

So ist denn der Schweizer auch überzeugt, daß nicht der Staat, sondern die Armee die Freiheit verteidige und garantiere. Das ist traurig; denn die Armee kann nur die Unabhängigkeit verteidigen. Freiheit ist eine politische Leistung; Unabhängigkeit ist zwar ihre Voraussetzung, aber kein bißchen mehr.

In der Geschichte, die ein Schüler vorgesetzt bekommt, ist fast nur von militärischen Lei-

stungen die Rede; bestimmt der Einfachheit halber, denn das Militär vereinfacht alles; Politik ist zu kompliziert, also lassen wir sie.
Wir bleiben bei Tell und Winkelried und sorgen dafür, daß niemand zuviel von Munzinger und Stapfer hört.

Wir halten uns für nüchtern. Eine nüchterne Schweiz wäre mir lieb. Wenn unsere Armee eine nüchterne Angelegenheit wäre, könnte ich mich eher mit ihr anfreunden. Der Schweizer lernt aber seine Waffe nicht für den Notfall handhaben, sondern an und für sich. Wir halten unsere Armee nicht vor allem für notwendig, schon gar nicht für ein notwendiges Übel, sondern wir lieben sie. Sie ist unser Volksgut, unsere Folklore.
Nüchtern ist sie nicht, sie ist trunken von Begeisterung. Wir sind überzeugt, daß sie eine erzieherisch wertvolle Organisation ist und daß sie in Friedenszeiten viel mehr Zwecke erfüllt als nur die Vorbereitung auf einen Notfall.
Durch die Rekrutenschule wird ein Schweizer zum Erwachsenen. Sie tue jedem gut, sagt

man. Man merke es einem ein Leben lang an, wenn er keine gemacht habe. Die Rekrutenschule wird so zu einem siebzehnwöchigen Männlichkeits- und Reiferitual.

In vaterländischen Dingen belügen wir uns vielleicht auch deshalb so oft, weil wir gewohnt sind, Vaterländisches in der Sprache Schillers – Schriftdeutsch nennen wir sie – zu formulieren und nicht in unserer Mundart. Eine Übersetzung der großen Worte unserer Helden in unsere Mundart macht die Lüge offensichtlich.
Als sich der Solothurner Schultheiß Wengi vor die Kanone stellte, um den Bürgerkrieg zu verhindern, soll er gesagt haben: »Wenn Bürgerblut fließen soll, fließe das meinige zuerst.«
Das heißt in unserer Sprache: »Höret uf!«
Das tönt denn auch wahrscheinlicher, einfacher und überzeugender. Der heutige Stadtammann von Solothurn würde nichts anderes sagen.

Zur Zeit des Mirageskandals erschien in den Zeitungen ein Bild der Kommission, die später ihren mutigen Bericht abgab.
Da standen einige Männer auf einem Flugplatz und schauten in die Höhe. An einen unter ihnen erinnere ich mich genau. Er trug einen schwarzen, breitrandigen Hut und lutschte an einem Stumpen. Sie sahen nicht auffällig gescheit aus. Es waren Nationalräte, und ich glaubte damals zu wissen, daß diese Kommission sich ohne Zweifel hinter die Militärs und den Bundesrat stellen werde. Ich ärgerte mich zum voraus. Ihr Bericht aber überraschte mich, und nachträglich machte mir jenes Bild Eindruck. Das Bild zeigt eine Schweiz, auf die ich ein wenig stolz bin: eine nicht sehr repräsentative Schweiz, aber eine, die funktioniert.

Ich lebe in diesem Land.
Es läßt sich in diesem Land leben.
Ich bin hier geboren. Ich bin hier aufgewachsen. Ich verstehe die Sprache dieser Gegend. Ich weiß, was ein Männerchor ist, was eine Dorfmusik ist, ein Familienabend einer Partei.

Ich bilde mir ein, hier leidenschaftliche Briefmarkensammler auf der Straße an ihrem Gehaben erkennen zu können. Nur hier kann ich mit Sicherheit Schüchterne von Weltgewandten unterscheiden.

Ich fühle mich hier zu Hause. Auch mir fällt es schwer, mir vorzustellen, daß sich jemand so zu Hause fühlen kann wie ein Schweizer in der Schweiz.

Ich leide unter Heimweh; aber es ist bestimmt nicht Heimweh nach der Schweiz, nur Heimweh nach dem Bekannten.

Die Schweiz ist mir bekannt. Das macht sie mir angenehm. Hier kenne ich die Organisation. Hier kann ich etwas durchschauen. Ich weiß, wieviel hier die Dinge ungefähr kosten, und ich brauche das Geld, mit dem ich bezahle, nicht umzurechnen.

Ich fühle mich hier sicher, weil ich einordnen kann, was hier geschieht. Hier kann ich unterscheiden zwischen der Regel und dem Außerordentlichen. Sehr wahrscheinlich bedeutet das Heimat. Daß ich sie liebe, überrascht mich nicht.

Ich liebe diese Gegend, und es ist mir wichtig, Bürger dieses Landes zu sein, weil mir mein Bürgerrecht garantiert, daß ich unter allen Umständen hier bleiben darf.

Es ist vorstellbar, daß ich als schwedischer Bürger in der Schweiz aufgewachsen wäre und alle Gefühle für diese Gegend hätte. Dann könnte man mich ausweisen.

Ich habe das Recht, hier zu bleiben. Das ist mir viel wert. Es macht mir auch Spaß, und ich werde bleiben, dem Satze zum Trotz: »Du kannst ja gehen, wenn es dir hier nicht paßt!«

Doch möchte ich hier leben dürfen, ohne ständig begeistert sein zu müssen. Ich bin nicht als Tourist hier. Ich gestatte mir, unsere Sehenswürdigkeiten nicht zu bestaunen. Ich gestatte mir, an einem Föhntag das Alpenpanorama zu ignorieren. Ich gestatte mir, die holländische Landschaft schön zu finden. Ich weiß nicht genau, was ein Holländer meint, wenn er sagt: »Die Schweiz ist schön.«

Wir haben in dieser Gegend sehr viel Nebel, und ich leide unter dem Föhn. Der Jura und die Alpen machen mir vor allem ein schlechtes Ge-

wissen, weil ich immer das Gefühl habe, ich müßte sie besteigen und es doch immer wieder seinlasse. Ich habe mit nichts soviel Ärger wie mit der Schweiz und mit Schweizern.
Was mich freut und was mich ärgert, was mir Mühe und was mir Spaß macht, was mich beschäftigt, hat fast ausschließlich mit der Schweiz und mit Schweizern zu tun.
Das meine ich, wenn ich sage: »Ich bin Schweizer.«

Es fällt mir schwer, etwas typisch schweizerisch zu finden. Dazu zwei Beispiele:
Henry Miller schreibt in seinem schwärmerischen Frankreichbuch ›Land der Erinnerung‹, daß man Schriftsteller in Amerika eher abschätzig behandle, und er erzählt über die Hochachtung und Freundlichkeit eines französischen Zollbeamten, als dieser in Millers Paß die Eintragung ›Schriftsteller‹ sah. Für Henry Miller ist das ein Beweis dafür, daß Frankreich ein Land von Kultur ist. Günter Grass las in Zürich. Bei seiner Ankunft in Kloten schaute der

Beamte in den Paß, dann schaute er strahlend Grass an und sagte: »Sie sind also Grass.«

Das erste Beispiel halten wir für typisch, das zweite für untypisch. Warum?

Weil wir immer noch nicht soweit sind, eine persönliche Äußerung von jemandem als persönliche Äußerung zu nehmen. Wir sehen immer wieder Nationalcharakter dahinter. Von netten Deutschen sagen wir: »Sie sind nicht typisch deutsch.« Von unangenehmen Franzosen sagen wir: »Sie sind nicht typisch französisch.«

So glauben wir auch, ein genaues Bild vom Schweizer zu haben, und ordnen all seine Handlungen positiv und negativ in typisch und untypisch ein.

Halbstarke sind aus diesem Grund keine Schweizer. (»Denen tut eine Rekrutenschule gut.«) Nonkonformisten sind keine Schweizer. (»Die sollen in den Ostblock, wenn es ihnen hier nicht gefällt.«) Dienstverweigerer sind keine Schweizer. Wer ungern arbeitet, ist kein Schweizer. Wer nicht dauernd mit Stolz verkündet: »Ich bin Schweizer«, der ist kein Schweizer. Und der ›echte‹ Schweizer ärgert sich darüber, daß all diese Unschweizer ein Bürgerrecht haben und so den Fortbestand der typischen Schweiz nicht garantieren.

Hätten die Leute von 1830 und 1848 den Fortbestand der typischen Schweiz garantiert, gäbe es das nicht, was wir als Schweiz bezeichnen.

Weil wir uns für typisch halten und auch glauben, für typisch gehalten zu werden, fällt es uns schwer, etwas zu verändern. Wir haben Angst, untypisch zu werden.

Der Europagedanke zum Beispiel, der in politischen Reden auch bei uns in Schwung gekommen ist, ist uns nach wie vor fremd. Daß wir begeistert davon sprechen (und sprechen dürfen), ist eigentlich der Beweis dafür, daß keiner daran glaubt, daß er zu verwirklichen sei.

Auch Henry Miller, den man sonst zu den Weltbürgern zählt, weil er Kritik an Amerika übt, wird zu einem gefährlichen Nationalisten, wenn er über Frankreich schreibt.

Jedes Land hat so seine ausländischen Nationalisten. Bitter wird es erst, wenn wir ihre Argumente zu unsern eigenen machen.

Unter den Schweizern gibt es Urner, Walliser, Berner, Zürcher, Basler, Romanen, Tessiner, Welsche, Bauern, Bergbauern, Arbeiter, Großindustrielle, Gesunde, Kranke, Kriminelle usw. Vieles wird jeden einzelnen mehr prägen als die gemeinsame Politik.

Europäer haben im ganzen bestimmt soviel Gemeinsames wie die Schweizer im ganzen.

Wenn ich Schweiz meine, denke ich vorerst an den deutschsprachigen Jurasüdfuß, Kanton Solothurn. Teile des Kantons Bern, Teile des Kantons Aargau liegen in der Nähe und sind mir nicht fremd.

Wenn ich nach Basel, Zürich, Luzern komme, verstehe ich die Leute noch gut und stelle viel Gemeinsames auch außerhalb der Sprache fest, bezahle noch mit demselben Geld, bin noch nicht im Ausland, aber doch schon auswärts.

Im Welschen und im Tessin bin ich bereits weiter weg; Italienisch kann ich nicht, Französisch macht mir Mühe; aber immer noch dasselbe Geld, ähnliche Preise, ähnliche Vorschriften, dieselbe Uniform der Soldaten.

Ich freue mich darüber, daß sie mit dabei sind,

die Tessiner, die Welschen, die Romanen. Wir könnten uns gegenseitig daran hindern, typisch zu werden.

Daß außer Sprache und Landschaft, außer persönlichen Umständen auch der Staat den Menschen beeinflußt, ist selbstverständlich. Es muß daher Gemeinsames geben. Ich weiß nicht, was es ist. Ich will es nicht wissen. Das Gemeinsame beeindruckt mich nicht, Gemeinsamkeiten schläfern ein, führen zur Selbstgerechtigkeit.

Diese Selbstgerechtigkeit macht die Schweiz unveränderbar, und ich erschrecke beim Gedanken, in zwanzig Jahren in einer Schweiz leben zu müssen, die aussieht wie diese. Wir haben uns sehr daran gewöhnt, Museum zu sein. Es macht uns Spaß, von Ausländern bewundert zu werden, und wer von einem ›Sonderfall Schweiz‹ spricht, meint damit das ›Museum Schweiz‹, eine Demokratie zu Demonstrationszwecken.

Es gibt auch in dieser Demokratie Privilegierte, Blutadel wurde durch Geldadel ersetzt, an

Stelle der Aristokraten sind die Emporkömmlinge getreten; sie verteidigen ihre Privilegien damit, daß sie jede Veränderung bekämpfen; jeder Ausbau der Demokratie könnte ihre Rechte beeinträchtigen, jede Veränderung ist eine Gefahr. Davon konnten sie ihre Mitbürger überzeugen, denn die gemäßigte Sozialisierung hat dazu geführt, daß der Durchschnittsschweizer ein Besitzender geworden ist; er ist bereit, den Bodenspekulanten zu schützen, weil er damit auch sein Blumengärtchen schützt; man nennt das Toleranz.

Wir sind ein wohlhabendes Land. Armut ist hier eine Schande; man gibt sie zum mindesten nicht zu und macht es damit den Reichen leicht. Aber auch Reichtum wird bei uns in der Regel diskret verdeckt. Geld ist hier etwas Intimes, von seinem Geld spricht man nicht.

Jede neue Sozialmaßnahme wird bei uns vorerst einmal damit bekämpft, daß man sagt, sie lähme die Privatinitiative. Mit Privatinitiative bezeichnet man die Möglichkeit jedes Bürgers, ein Reicher zu werden; die Privatinitiative ist das Recht der Wölfe.

Trotzdem spricht man bei uns viel von Bürgersinn. Ein Wort, das kaum zu definieren ist. Es mag einmal den Sinn für die Gemeinschaft, für die Staatsordnung gemeint haben; Bürgersinn ist aber heute viel mehr die vorschnelle Versöhnung, die Angst vor Neuem, die Toleranz Unzulänglichkeiten gegenüber und der Verzicht auf grundsätzliche Diskussionen.

Dieser pervertierte Bürgersinn führt zum Desinteresse am Staat; was man zum vornherein und vorbehaltlos gut findet, kontrolliert man nicht mehr. Innenpolitik ist für unsere Presse fast ein Tabu. Man beschränkt sich weitgehend darauf, den offiziellen Standpunkt zu veröffentlichen, und beeilt sich, sein Einverständnis zu erklären. Unsere Presse ist kein Forum mehr.

Eine Demokratie ohne Diskussion wäre museal. Der innere Feind der Schweiz heißt pervertierter Bürgersinn. Die Igelstellung – eingerollt und die Stacheln nach außen – ist zum Sinnbild unserer Unabhängigkeit geworden. Aber auch ein Igel muß sich zur Nahrungsaufnahme entrollen.

Sitzen
als Pflicht

Links und rechts am Haupteingang des Bundeshauses vier Aluminiumtafeln, die die Touristen auf die Zeiten der Führungen durch das Parlamentsgebäude aufmerksam machen. Vier Tafeln in vier Sprachen. Gebäude heißt auf französisch Palais, auf italienisch Palazzo. Über dem englischen Text steht die Bezeichnung ›House of Parliament‹, sie erinnert an brillante englische Debattierkunst.

Dienstag nach Pfingsten, abends sechs Uhr: Die Parlamentarier versammeln sich zur Sommersession. Sie kommen einzeln und in kleinen Gruppen an, sie fahren nicht vor, ihre Wagen haben sie selbst parkiert. Erst kurz vor dem Tor des Hauses sind sie als Räte identifizierbar. Sie begrüßen sich, sie lächeln sich zu. Der Untersetzte mit dem runden Kopf hat auch meine Stimme erhalten; ich sehe ihn zum erstenmal. Er entspricht dem Foto auf dem Wahlprospekt. Er ist Sozialist. Er lacht, der Radikale neben ihm scheint ein politisches Scherzchen gemacht zu haben.
Ein Bundesrat kommt aus dem Tor, er hebt die

Hand grüßend, er lächelt, spricht zwei, drei Worte im Vorbeigehen. Die Räte freuen sich, sich wiederzusehen. Sie begrüßen sich beim Eingang wie Mitglieder eines Jahrgängervereins, wie alte Schulkameraden (und wenn ein Schulkamerad ein Feind ist, er ist doch ein Schulkamerad).

Kurz nach sechs betrete ich das Gebäude, mit Ehrfurcht, mit etwas Herzklopfen. Massig in Stein hoch oben die drei Eidgenossen. Die Schatten ihrer Köpfe fallen auf der himbeerroten Wand dahinter zufällig in drei leere, dekorative Bilderrahmen – Pop-art im Bundeshaus.

Der Nationalratssaal füllt sich langsam, bis zum Beginn der Verhandlungen ist Rauchen gestattet. Einzelne haben sich gesetzt, breiten ihre Papiere vor sich aus, andere stehen in Gruppen herum. Die Geschäftsordnung wünscht, daß die Räte im dunklen Anzug erscheinen. Schwarze Anzüge sind selten, Silberkrawatten sieht man fast keine, mit einer Ausnahme (des bildenden Künstlers) sind sämtliche Hemden weiß. Die hellste Krawatte trägt der populärste unter den Neugewählten (okker). Die Anzüge sind grau, sehr selten braun, und eindeutig bevorzugt sind sämtliche Nuancen von Blau, Schwarzblau, Pflaumenblau bis fast zum Swissairblau, zum Beispiel dezentes, helles Blau zu Ocker.

Ich habe gehört, daß während der Sitzungen stets viele Sitze leer sind. Ich beginne zu zählen. Einmal sind nur 80 Räte anwesend. In der Regel sind 40 bis 70 Sitze leer; sie werden bald wieder eingenommen, damit andere die ihren verlassen können.

Ich habe gehört, daß Zeitungen gelesen werden. Ich habe mir viel mehr Zeitungen vorgestellt, ganze Berge. An dem gemessen sind es wenige, morgens etwas mehr als abends. Die Redner der Kommission sprechen zum Geschäftsbericht. Sie halten Ansprachen, bringen die Ansprachen hinter sich. Die Miene des angestrengten Zuhörens haben in der Regel zwanzig bis dreißig Räte aufgesetzt; auch darin lösen sie sich ab. Vieles in den Reden bleibt Formel, die Räte springen nicht auf, wenn jemand etwas Neues sagt, sie verlassen sich darauf, daß Worte und Taten nicht identisch sind. Ein Redner hebt seine Stimme und sagt

»Atomzeitalter«, es ist bereits ein veralteter Ausdruck, er löst nichts aus. Er hätte vielleicht doch besser gesagt »in ein paar Jahren«.
In diesem Rat werden Formeln gebraucht, und Redner und Zuhörer haben sich an Formeln gewöhnt. Es gibt keinen Applaus, es gibt kein zynisches Lächeln, und wenn es ein bißchen Gelächter gibt, dann lachen nicht einzelne Blöcke; hier lacht man gemeinsam.

Ich habe in der Schule gelernt, daß im Parlament Kompromisse zustande kommen. Das ist nicht wahr. Hier werden keine Kompromisse geschlossen, hier wird alles bereits als Kompromiß vorgetragen, und die Spannung nimmt leicht zu, wenn aus zwei Kompromissen ein dritter geformt wird. Hier, in diesem Haus, in dieser Sitzung, findet die Demokratie nicht statt, hier wird sie repräsentiert. Hier werden die Ergebnisse der Kommissionen zusammengetragen; das ist die vierteljährliche Schlußsitzung eines großen Kongresses. Was hier vorgetragen wird, ist bereits geschehen, ist bereits bekannt. In einer parlamentarischen Demokra-

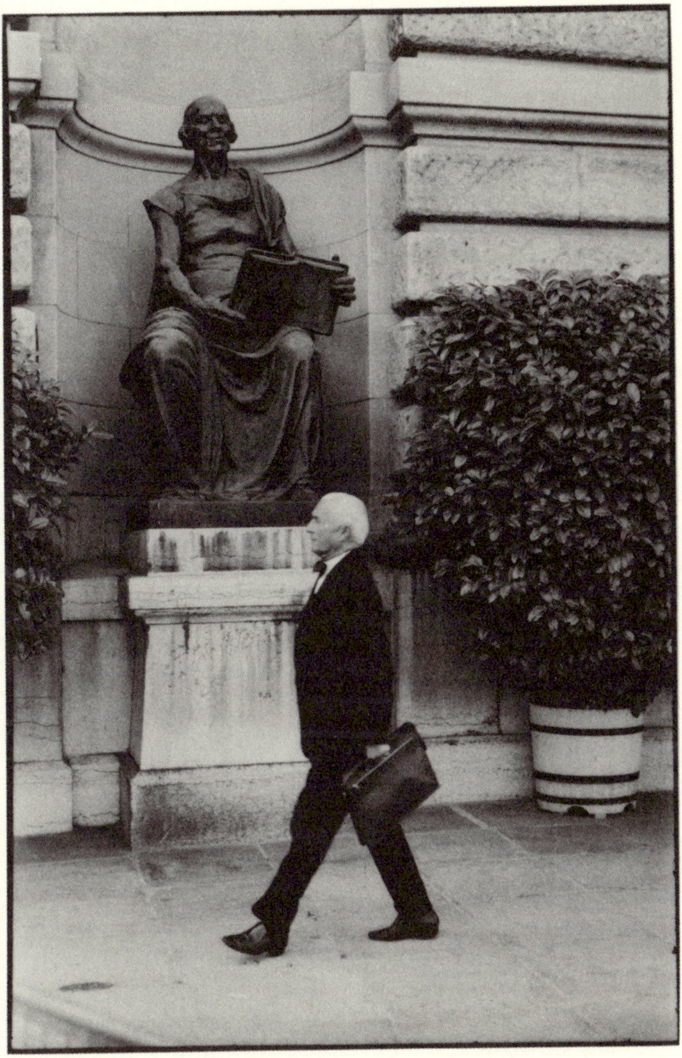

tie (vielleicht heißt sie deshalb so) findet die Demokratie im Parlament statt, deshalb wohl ist Bonn so viel telegener. Hier in der direkten Demokratie wird im Parlament nur noch das letzte Zeremoniell vollzogen. Hier sitzt man nur noch, und das Sitzen wird zur Pflicht, ist eine Präsenzleistung, die die Zeremonie der Demokratie garantiert: Die Diskussion gehört nicht zum Zeremoniell.

Hier sitzen die Leute, die für unsern Staat in Gemeindekommissionen, in Parteisitzungen, in Gemeinderäten und Kantonsräten unbezahlte und schlechtbezahlte Arbeit geleistet haben; wären sie bezahlt worden, sie hätten Millionen gekostet. Hier sitzen auch die Ehrgeizigen, die ein Ehrenamt noch als Ehre auffassen. Sie stammen aus einer Zeit, die es vielleicht bereits nicht mehr gibt, aber sie beeindrucken.

Sie vertreten Interessen, sie vertreten Verbände. Der Gewerbeverband spielt hier seine Macht aus, die ihm der Staat einst gegeben hat. Weil er sie ihm gegeben hat, muß er sie ihm erhalten. Das Parlament befindet sich in einem Kreis; was es bereits gibt, ist unantastbar. Es kann den Kreis nicht sprengen, nur erweitern. Neue Erkenntnisse sind hier nur wahr, wenn sie die alten Kenntnisse decken und ergänzen.

In diesem Parlament wird keine Revolution stattfinden, nicht einmal eine stille, friedliche, denn in diesem Parlament finden nur Dinge statt, die es bereits gibt. Damit haben wir uns abzufinden. Es gibt hier keine Opposition. Das wäre gar nicht der Ort für sie. Denn hier geht es um das Erhalten, auch um das Erhalten von erhaltenswerten Dingen. Hier sitzen die Gralshüter der Demokratie. Der Ruf nach einer parlamentarischen Opposition wird vor dem Ritual des Parlaments lächerlich. Die Behauptung irgendeiner Gruppe, sie sei die Opposition, ist reine Werbung und hat nur außerhalb dieses Hauses ihre Wirkung.

Am Ende der Sitzung verliest der Präsident die eingegangenen Kleinen Anfragen. Die Kleine Anfrage von ganz rechts »betreffend Revolutionszentrum in Basel« löst Gelächter aus, die Nationalräte sind keine Dunkelmänner. Fröhlich wird auch die Anfrage »betreffend den

Bierverkauf durch Gletscherpiloten in den Hochalpen« entgegengenommen.

Der Nationalrat macht seine Arbeit ruhig und ohne zu drängen. Die Traktandenliste ist überfüllt, man müßte verzweifeln. Der Rat verzweifelt nicht, er hat Zeit, er erledigt Schritt für Schritt seinen Kleinkram. Niemand drängt. Die Arbeitsweise ist bestimmt, die Maschine läuft, der Kreis bleibt rund.

Durch das Glasdach des Saales fällt das Sonnenlicht. Wenn eine Wolke vorbeizieht, wird es dunkler. Die Räte schauen auf. Der Redner spricht. Auch wenn ihm niemand zuhören sollte, hat er es doch gesagt, seine Meinung wird offiziell, wird im Protokoll vermerkt, formt sich mit den Meinungen, die der seinen ähnlich sind, zu einem Ganzen. Es sind nicht Gleichgesinnte, die hier sitzen – Gleichgesinnte haben mehr Emotionen, in einer Versammlung eines Interessenverbandes geht es heftiger zu –, es sind Ähnlichgesinnte. Deshalb bilden sie eine amorphe Masse, weil kleine Unterschiede mehr verbinden als keine –, und sollte sich jemand zu sehr unterscheiden, die Masse ist freundlich genug, ihn zu verdauen.

Es dringt nicht viel Welt in diesen Saal. Der Mord an Kennedy wird hier nicht offiziell. Vor den Türen wird davon gesprochen, und die Zurückkehrenden tragen es flüsternd in den Saal. Nach der Sitzung drängen sich einige Räte um einen Transistorradio. Unruhen in Paris und Berlin machen hier keine Unruhe (immerhin entschlüpft einem Nationalrat die Formulierung »dieser Herr Dutschke«, einem Nationalrat übrigens, der weiß, daß es die Formulierung »dieser Herr Benesch« gab). Eine Vietnaminterpellation, vor Wochen in Schlagzeilen angekündigt – Publikums- und Pressetribüne gefüllt –, verläuft wie ein anderes Geschäft.
Der Bundesrat gibt Auskunft, der Interpellant erklärt sich befriedigt, und der Rat lehnt eine beantragte Diskussion ab, vielleicht zu Recht.
Hier wird Innenpolitik gemacht. Man befaßt sich wenig mit Welt, man befaßt sich mit Umwelt.
Kleine Anfragen betreffen »Tage der Landesverteidigung in Genf«, »Sozialversicherungsabkommen«, »Rückfluß der Silbermünzen«. Einem Bürger wurde vom Bundesgericht aus formaljuristischen Gründen Unrecht getan. Der

Rat befaßt sich damit, versetzt sich in die Lage des Mannes, sein Name wird genannt, er ist hier eine Person. Es gibt wenige Grundsatzdiskussionen hier, aber es gibt Personen.
Der einzige Arbeiter im Rat äußert sich nicht zu Sozialfragen. Er schlägt nur vor, daß man erlauben sollte, das Feldschießen auch mit einer andern als der persönlichen Ordonnanzwaffe schießen zu dürfen, weil gute Schützen mit dem Sturmgewehr schlechter treffen und aus diesem Grunde dem Feldschießen fernbleiben. Auch das sind die Probleme seiner Kollegen, die er hier vertreten will. Im übrigen sind fast alle Geschäfte Finanzgeschäfte. Es geht um Zahlen, immer wieder um Zahlen. Wir haben sieben Finanzdepartemente. Über die Kosten wird immer als erstes diskutiert und oft als einziges.

Die Redner erschrecken nicht vor den »Zeichen der Zeit«. Die Zeichen sprechen so oder so für sie. Wer dem Hochschulförderungsgesetz freundlich gestimmt ist, erklärt, unsere Studenten seien ruhig und verdienten die Förderung. Wer eher dagegen ist, erklärt, unsere Studen-

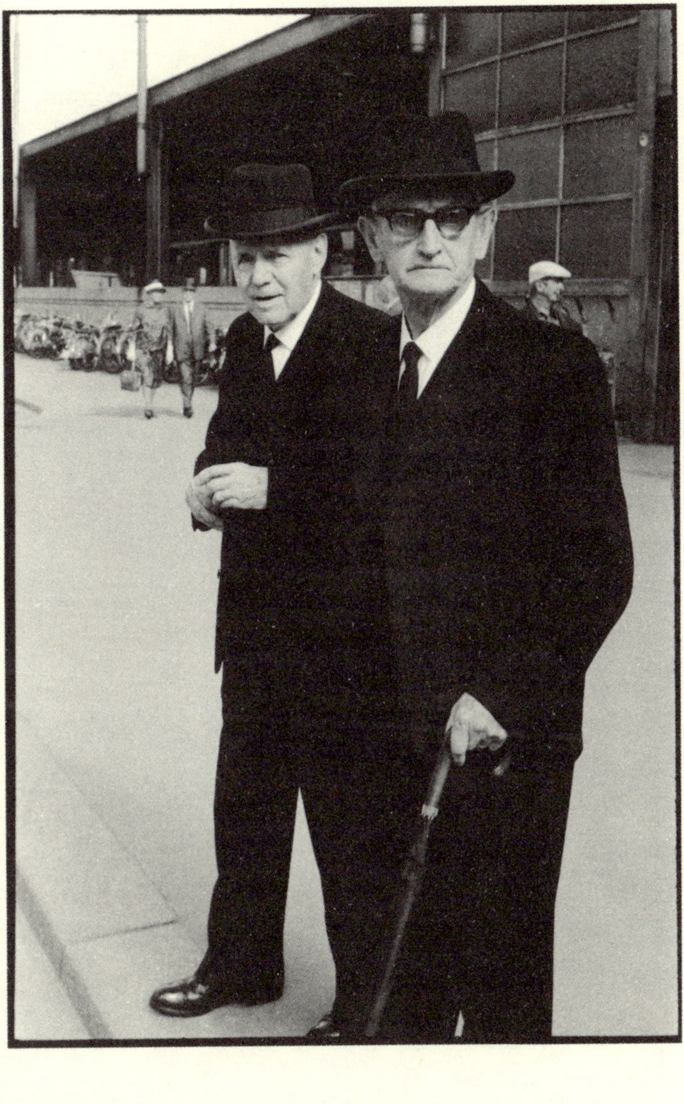

ten seien ruhig, und das spreche doch dafür, daß es mit unseren Hochschulen nicht schlecht bestellt sein könne. Ein Redner nennt Zahlen. Wir stehen nicht sehr günstig in der internationalen Statistik mit unserer Hochschulbildung. Der nächste Redner erklärt, daß das mit Statistiken eben so eine Sache sei und daß die Russen die Fernkurse mitzählen oder so. Genau weiß er es nicht, er weiß aber, daß das mit Statistiken halt so eine Sache ist.

Ein Redner sagt »seit 1291«, vielleicht meint er »seit 1848«, aber das spielt keine Rolle. Die Zuhörer sind abgebrüht. Sie lassen sich auch von Jahreszahlen nicht erschüttern. Wichtig ist nur die Abstimmung, und das Ergebnis ist meistens zum vornherein bekannt. Spannend ist höchstens das Stimmenverhältnis, interessant vielleicht, wie die PdA stimmt und wer mit ihr. Der Mann in Hellblau und Ocker enthält sich ab und zu der Stimme.

Auf der Galerie sitzen Zuschauer, meistens wenige. Während der Beratungen über die Hochschulförderung sind es etwas mehr, darunter offensichtlich Studenten, aber keine Gruppen, nur einzelne. Mehr als hundertfünfzig Zuschauer sind nur während der Sitzung der Vereinigten Bundesversammlung da. Es sind vor allem Schulklassen mit ihrem Lehrer. Er hat ihnen zu Hause die Demokratie erklärt, und nun wollen sie sie anschauen. Zu Hause wird er ihnen dann entschuldigend erklären, daß heute leider kein besonders spannendes Geschäft behandelt worden sei.

Er wird ihnen kaum erklären, daß das die Regel ist, daß sich das Parlament Zeit nimmt für Details, daß ein Nationalrat innert weniger Minuten von folgenden Problemen hören kann (während der Behandlung des Geschäftsberichtes des Departements des Innern): »Zusatz von Antibiotika in Futtermitteln«, »Überprüfung von Importäpfeln«, »Maturitätsanerkennungsverordnung«, »Kranken- und Unfallversicherungsgesetz«, »Abwasserreinigung und Detergentien«, »Anstalten für Schwererziehbare«, »Verhalten von Fußgängern und Autofahrern an Fußgängerstreifen«, »Kursäle, Spielapparate und Lotterien« und so weiter.

Der Lehrer hat seinen Schülern ein Schauspiel versprochen, nun breitet sich auf den Gesichtern Enttäuschung aus. Der Lehrer hat bei seinen Schülern den Eindruck erweckt, daß die Demokratie im Parlament stattfinde – nun sind sie enttäuscht von der Demokratie.

Der Lehrer glaubt auch, daß Staatsbürgerunterricht sich in Staatsbürgerkunde erschöpfe, erklärt den Aufbau des Staates und etwa den Unterschied zwischen einer Interpellation und einer Kleinen Anfrage. Dabei müßte er Staatsbürger sprechen lehren; er müßte ihnen die Methode, dagegen zu sein, beibringen, die Methode der Diskussion. Und er sollte ihnen dann vor dem Besuch des Nationalrates erklären, daß hier die Demokratie garantiert wird, nur garantiert, und daß sie sie selbst auszuüben hätten. Der Lehrer winkt – die Schüler sind froh, weitergehen zu können. Vielleicht besuchen sie noch den Bärengraben oder den Gurten.

Ich komme aus dem langweiligen Nationalrat auf die belebte Straße. Die vielen Autos fahren alle aneinander vorbei. Ich stehe zehn Minuten da und sehe keinen Zusammenstoß. Die Autos stoßen nicht zusammen, weil sie rechts fahren.

Irgendeinmal hat dieses Parlament beschlossen, daß Autofahrer rechts fahren müssen. Deshalb gibt es keine Zusammenstöße. Das Parlament ordnet mir meine Umwelt, es erfüllt seine Aufgabe, meine Umwelt ist geordnet.

Das Parlament garantiert die Demokratie. Wir haben eine direkte Demokratie, das Parlament selbst und allein ist sie nicht. Demokratie – so habe ich gelernt – ist Diskussion. Irgendwo müßte die Diskussion stattfinden, vielleicht in den Parteien, aber die Anstrengungen der Parteien gehen fast ausschließlich auf Parlamentssitze aus, sie sehen nur noch den Apparat. Das ist gefährlich, denn unser Parlament war nicht als Parlament einer parlamentarischen Demokratie gedacht. Es ist dazu nicht geeignet. Unser Parlament ist eine Verwaltung. Wenn es außer dem Parlament nichts anderes gibt, dann haben wir nicht einmal eine parlamentarische, sondern eine verwaltete Demokratie.

Wir brauchen Diskussionen. Wo sollen sie stattfinden? Im Volk finden sie nicht mehr statt, das Volk ist langweiliger, konservativer und

reaktionärer als das Parlament. Es wird nicht die Schuld des Parlaments sein, wenn unsere Demokratie zugrunde gehen sollte.
Es erfüllt seine Verwaltungsaufgabe. Wenn außer ihm aber niemand mehr seine Aufgabe erfüllt, dann leben wir in einer verwalteten Demokratie, in der Demokratie ohne Diskussion. Sie wäre die schlechteste Staatsform der Welt.

Dem Bestehenden
Schwierigkeiten
machen

Daß der Staat Kunst auszeichnet und fördert, ist bestimmt nicht der allgemeine Wille der Gesellschaft, die er vertritt. Der Bürger wird zwar mit der Förderung des Schönen, Guten und Edlen einverstanden sein; er ist aber auch überzeugt, daß diese Begriffe unumstößlich sind; der Begriff des Schönen und Guten ist für ihn damit definiert, daß es ihm gefällt und ihn nicht in seiner Ruhe stört. Schön ist für ihn das, woran er sich gewöhnt hat. Kunst ist für ihn also etwas betont Konservatives. Sie soll ihn trösten, beruhigen, bestätigen. Sie soll ihm, nachdem er einen Tag lang ausgebeutet, abgewürgt, geschmeichelt, betrogen und sich verkauft hat, das Gefühl geben, er sei trotz allem ein edler Mensch mit einem guten, vernünftigen Kern. Beruhigt und getröstet wird er sich schlafen legen, das Sich-Verkaufen wird ihm deshalb morgen so leicht fallen wie heute.

Kunst so verstanden – und sie wird so verstanden – dient dem Betrug, der Ausbeutung. Sie wird zum Ersatzgewissen, offensichtlich bei den Renoirs des Waffenschiebers.

Kunst genießt einen hohen Kurswert. Sie gilt

als göttlich; wer sich ihrer annimmt, gilt als besserer Mensch.

Die Herrschenden aller Zeiten haben es durch Anerkennung und Annexion verstanden, dem Wort, dem Bild, dem Ton ihre Gefährlichkeit zu nehmen. Die Anerkennung der Bibel zum Beispiel war eine der geschicktesten wirtschaftlichen Maßnahmen der Besitzenden; im Namen Gottes spricht nicht nur unsere Bundesverfassung, sondern auch die spanische, portugiesische, griechische, die südvietnamesische Regierung.

Brecht hat in der »Heiligen Johanna der Schlachthöfe« ein Beispiel dieser Annexion gegeben. Die Heilsarmistin Johanna, die im Kampf für die Arbeiter der Schlachthöfe von Chicago an Verzweiflung stirbt, wird von den Direktoren gelobt und gefeiert, damit sie nicht zur Märtyrerin der Arbeiter wird.

Ein böses Beispiel. Und man muß sich fragen, ob man sich über das Gericht unserer vierten Division ärgern soll, das in einem Urteil die Lektüre von Brecht als strafverschärfend einschätzte. Muß man nicht eher anerkennen, daß hier endlich einmal üble Kulturspießer zu sich selbst gestanden sind? Daß sie Bertolt Brecht die Gefährlichkeit zurückgegeben haben, die ihm zusteht? Sie haben damit einen großen Autor ihren Gegnern überlassen, sie haben ihn damit geehrt.

Bleiben wir bei Brecht, bleiben wir bei bösen Beispielen:

Im nächsten Monat wird die letzte Brechturaufführung stattfinden. Der Kommunist Besson wird das Stück »Turandot« des Kommunisten Brecht im antikommunistischen Zürich aufführen. Diese Aufführung wird – das kann man mit Gewißheit zum voraus sagen – nichts bewirken. Weil sie nichts bewirken wird, darf sie stattfinden.

Und Brechts »Turandot« setzt sich ausgerechnet mit diesem Problem auseinander. Brecht schreibt darin von Intellektuellen, die den Intellekt mißbrauchen. Er nennt sie Tuis und schreibt von ihnen in Notizen zum Tui-Roman:

»Das Eigentum ist bedroht, weil das Elend zu groß wird. Die Tuis verteidigen die Kultur, welche auf das Eigentum aufgebaut ist. Sie haben eine langjährige Freiheit genossen, da ihre Re-

dereien nicht wesentlich geschadet haben...
Da sie zum Beispiel in Zeitungen schrieben, die nicht ihr Eigentum waren, schrieben sie gelegentlich auch gegen das Eigentum. Sie durften es, solange die Zeitungen damit Geld verdienten, also das Eigentum vermehrt wurde.«
Im weitern sagt Brecht von den Tuis: »In ihnen hat sich die Überzeugung festgesetzt, daß der Geist die Materie bestimmt.«
Ein Satz, den heute noch die Leute gern wahrhaben würden. Vielleicht ist dieser arrogante Satz sogar der Grund, weshalb die Gesellschaft Intellektuelle fördert.
Ein Satz, der dann auf der andern Seite die Folge hat, daß man Studentenunruhen damit abtun kann, daß man sagt, sie seien eine Modeerscheinung, sie seien die Folge von irgendwelchen abstrusen Ideen, und man denkt nicht daran, daß die Ideen die Folge abstruser Verhältnisse sein könnten.
Es sind die Verhältnisse, die die Ideen produzieren. Und eine Welt des Geistes, eine Welt, in der der Geist über die Materie siegt, gibt es hier auf dieser Erde nicht.
Meine Herren Regierungsräte: Sie sind prakti-

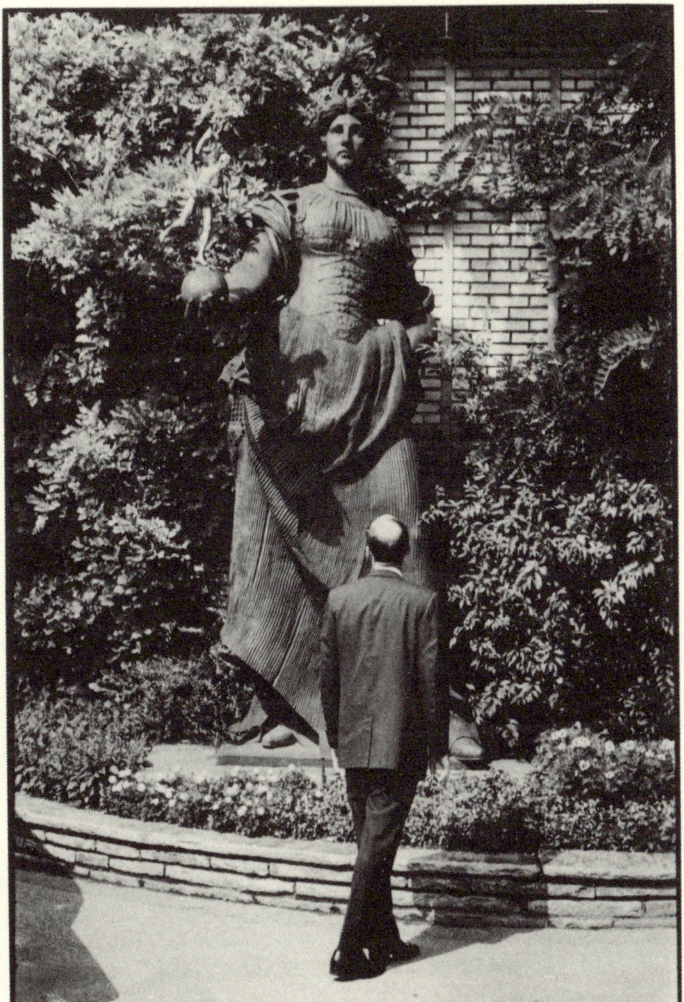

sche Politiker, Sie wissen davon, daß die Materie stärker ist als der Geist. Sie leiden vielleicht oft darunter, daß beim erdrückenden Ansturm von praktischen Problemen, daß unter dem Druck der Fakten wenig Zeit für Ideen und Theorien bleibt. Sie erleben es in Ihrer Arbeit täglich, daß wir uns in einer Welt befinden, die wir als Gegenwart nicht mehr bewältigen können. Der Bürger, der Sie gewählt hat, verlangt von Ihnen, daß Sie nicht verzweifeln, und er treibt Sie oft durch seine Uneinsichtigkeit mehr und mehr in die Verzweiflung.

Er hat seine ganze Bildung aus dem 19. Jahrhundert, aus einer sogenannt goldenen Zeit, die daran scheiterte, daß sie arrogant an die zufällige Macht des menschlichen Geistes glaubte. Er hat sein Wissen aus einer Zeit, die glaubte, Endergebnisse des Denkens gefunden zu haben, die also an unumstößliche Wahrheiten glaubte.

Ich nehme an, daß Sie in Ihrer Arbeit für den Staat zu weniger pathetischen Ergebnissen kommen.

Die Verhältnisse, die Fakten, werden sich nicht freiwillig durch unser Denken ändern, und wir sind gezwungen, an den Fakten denken zu lernen.

Das Faktum dieser Welt heißt Leben. Keine Idee der Welt ist mehr wert als ein Menschenleben, und eine Idee, die Hunger zur Folge hat, ist eine schlechte Idee, auch wenn sie sich – scheinbar – über Jahrhunderte hin bewährt hat.

Nur die Veränderung kann bestehendes Leben garantieren, und die Arbeit wird eine dauernde sein. Es kann nicht möglich sein, einen Idealzustand zu erreichen, die Fakten werden uns stets voraus sein, und es bleibt uns nichts anderes übrig, als hinter ihnen her unterwegs zu bleiben.

Wenn der Abstand zu groß wird, hilft nur die Revolution, die zusammenschlägt und neu beginnt.

Ich hoffe mit Ihnen, daß es gelingt, das Volk in Bewegung zu setzen. Wir haben ein Mittel dazu in der Hand – die Schule.

Aber sie ist die konservativste, selbstgefälligste Institution der ganzen Gesellschaft. Wenn sie es bleibt, haben wir verloren. Studenten in der ganzen Welt ahnen es.

Wir brauchen politische Schulen, die kein anderes Ziel verfolgen, als aus Menschen eine Gesellschaft zu bilden.

Die Organisation unserer Gesellschaft ist derart kompliziert geworden, daß sie nichts Unpolitisches mehr verträgt. Zur Politik ist nur der Aufgeklärte fähig, eine Demokratie der Analphabeten ist undenkbar. Wem es aber nicht gelingt, in einem Steuergesetz seine Vorteile herauszulesen, der ist ein politischer Analphabet. Ich erinnere daran, daß gerade diejenigen Gemeinden unseres Kantons das neue Steuergesetz abgelehnt haben, die davon profitiert hätten. Unsere Schulen lehren offensichtlich nur buchstabieren, lesen lehren sie nicht.

Wenn der Staat heute klagt, daß der Bürger nicht mehr an ihm interessiert sei, dann klagt er über seine eigene Unfähigkeit zu interessieren. Dann haben seine Schulen vertuscht und beschwichtigt, wo sie aufklären sollten, dann sind seine Schulen in den Händen von bewußten oder unbewußten Staatsfeinden, wobei ich Einrichtungen wie Fernsehen, Radio und Presse als pädagogische Einrichtungen betrachte,

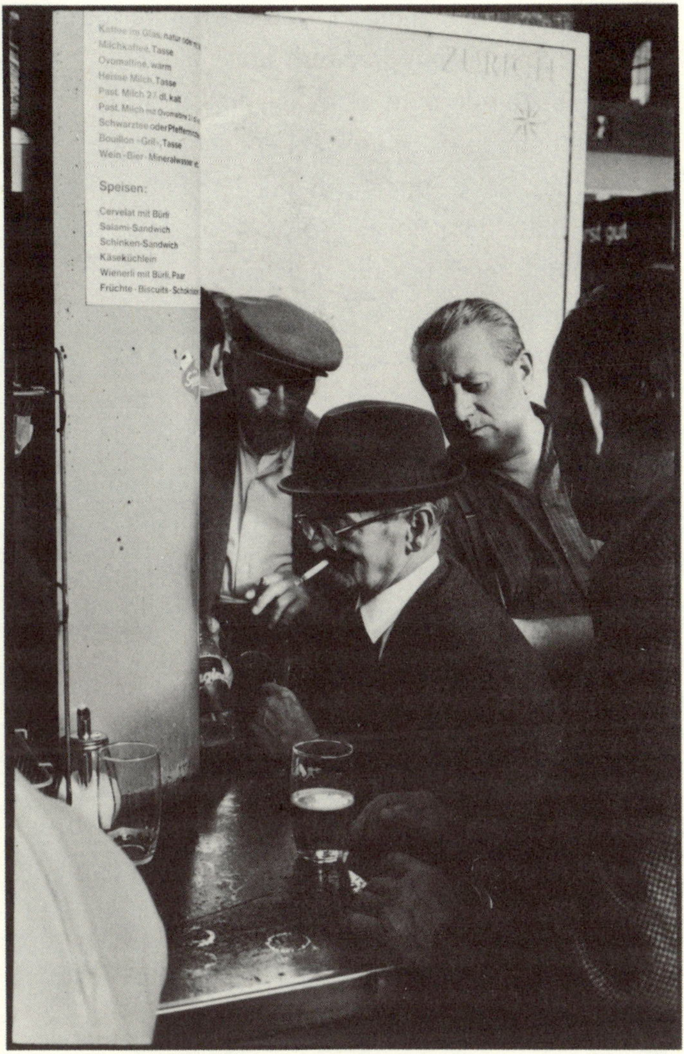
Milchkaffee, Tasse
Ovomaltine, warm
Heisse Milch, Tasse
Past. Milch 2 ½ dl, kalt
Bouillon «Grill», Tasse
Speisen:
Cervelat mit Bürli
Salami-Sandwich
Schinken-Sandwich
Käseküchlein
Wienerli mit Bürli, Paar
ZÜRICH

und auch sie glauben, daß sie mit Vertuschen und Beschwichtigen dem Staat dienen.

Staatsfeinde sind zum Beispiel auch all jene, die behaupten, Politik sei ein schmutziges Geschäft. Der Satz stammt aus dem Feudalismus. Er sollte dem Bürger vorgaukeln, daß ihm die Feudalregierung die schmutzige Arbeit abnehme.

Unsere Demokratie ist jung, doch sie hat in der kurzen Zeit von gut hundert Jahren bewiesen, daß sie brauchbar ist. Ob sie das weiterhin ohne Voraussetzungen sein kann, ist mehr als fraglich, und die Voraussetzung heißt Aufklärung. Ihr müßten bestimmt viele geliebte, alte, ehrwürdige Einrichtungen zum Opfer fallen.

Wir haben uns zu entscheiden. Entweder, wir gehen in Ruhe und Zufriedenheit unter, oder wir entscheiden uns zur Unruhe und zum Fortbestand des Lebens.

Die Entscheidung fällt schwer, und sie würde nicht nur in der Tschechoslowakei auf den Widerstand der Ordnungskräfte, der Ruhigen und Zufriedenen stoßen.

Wem die Ereignisse in der Tschechoslowakei nur etwas bereits Bewußtes bestätigt haben, der hat bestimmt aus jenen Ereignissen nichts gelernt. Er bildet sich auf das »bereits gewußt haben« etwas ein, oder er weiß sogar, daß alles, was man lernt, Veränderungen hervorruft, und diese sind ihm nicht lieb.

Lernen macht nicht vordergründig glücklich. Das war bereits dem Prediger Salomon bekannt, der sagte: »Denn wo viel Weisheit ist, da ist viel Grämens, und wer viel lernt, der muß viel leiden.«

Vor diesem Satz würden satte Bürger wohl heute noch erschrecken.

Lernen kann nur ein Ziel haben, das Leben ganz bewußt zu leben, bewußt in einer Gesellschaft zu leben und diese Gesellschaft so zu gestalten, daß sie der Gesamtheit und nicht einzelnen dient.

Es geht deshalb nicht darum, sich darüber zu streiten, welches politische System im Augenblick das beste sei, sondern darum, welches System die Möglichkeit hat, besser zu werden.

Es wird jenes System sein, dem es gelingt, eine bewußte Gesellschaft zu bilden. Ich glaube, daß die Demokratie diese Möglichkeit hat, aber ein politisches System kann nichts *sein*, es kann nur etwas *werden*, etwas bewirken.

Wir haben keinen Grund, auf unsere Demokratie stolz zu sein, wenn wir sie als Museumsstück verstauben lassen; denn nichts ist so riskant wie die Demokratie, und wenn wir jetzt nicht bereit sind, Risiken einzugehen, kommen wir unter die Diktatur des unaufgeklärten Volkes, unter die Diktatur der Kleinbürger.

Was uns dann noch bleiben würde, wäre nur die Hoffnung auf die Revolution. Sie ist der einzig mögliche politische Akt in einer Notsituation. Sie ist eine ständige Drohung und nur mit politischer Arbeit zu verhindern.

Das Gefühl, das ich bei politischen Diskussionen in unserer Öffentlichkeit bekomme, bei diesen Leisetretereien, beim dauernden Vertuschen, Beschwichtigen, das Gefühl heißt Angst.

Ich halte es deshalb für meine Aufgabe, dem Bestehenden Schwierigkeiten zu machen, denn nur Schwierigkeiten veranlassen die Veränderung. Sie haben mit Ihrem Preis jemanden gefördert, der hofft, Schwierigkeiten machen zu können.

Meine Rede soll eine Dankrede sein, und es fällt mir schwer, nach dem eben Gesagten ein Verhältnis zu Ihrem Preis zu finden. Sie geben ihn mir für eine politische Arbeit, und ich hoffe, daß Sie auch die Arbeit meiner Kollegen und Freunde, die Arbeit des Bildhauers, des Malers, des Musikers und des Kabarettisten als eine politische, als eine praktische betrachten.

Um das an dem auf den ersten Blick entferntesten Beispiel aufzuzeigen. Der Musiker führt mit dem Erzeugen von Tönen Menschen zusammen; er erklärt ihnen mit einem eigenartigen Mittel, daß sie ähnlich empfinden, daß sie also viel mehr die Teile einer Gesellschaft als Individuen sind.

Ich hoffe, daß Ihr Preis nicht ein Zeichen Ihrer Hochachtung für uns ist, sondern ein Zeichen für unsere Brauchbarkeit.

Ich danke Ihnen – auch im Namen meiner Kollegen.

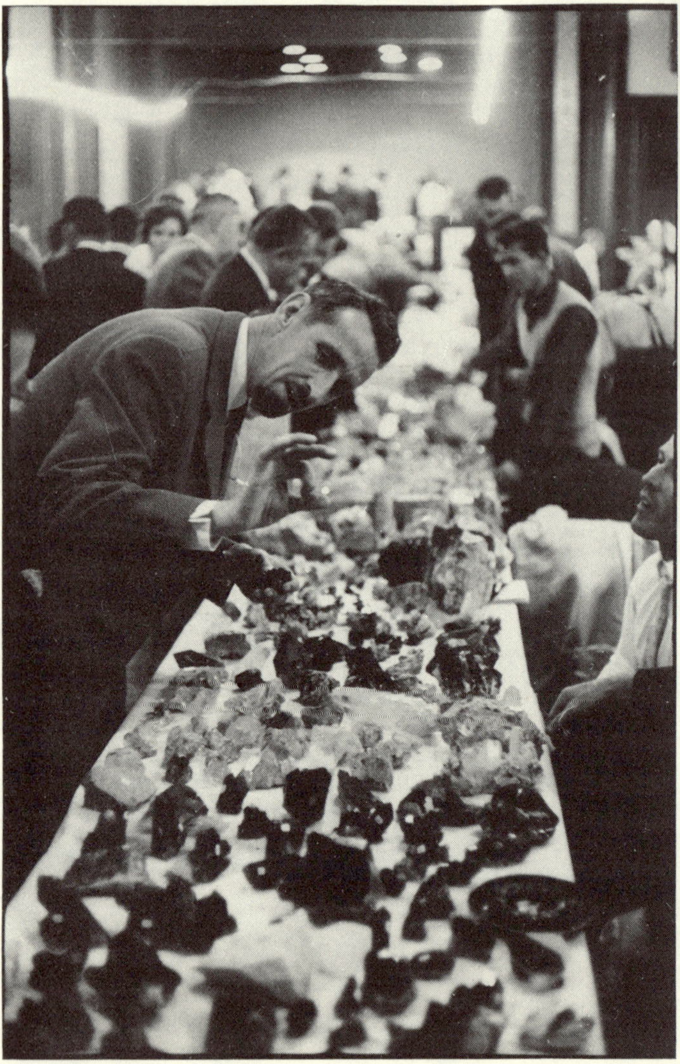

Der Virus Reichtum

*Rede
vor Gewerkschaftern*

Liebe Kolleginnen, liebe Kollegen,

ich freue mich, hier bei Euch sein zu dürfen. Ich bin stolz darauf, selbst Mitglied der Gewerkschaft Bau und Holz zu sein, ein Stolz allerdings und eine Mitgliedschaft, die schwer zu begründen sind. Ich fühle mich ganz einfach verpflichtet, einer Gewerkschaft anzugehören und damit meine Solidarität mit jenen auszudrücken, die wirklich arbeiten. Ich möchte mich selbst zwar auch gern als Handwerker bezeichnen. Ich habe auch mit einem Material zu tun, mit Sprache, und wenn ich mit ihr umgehen will, dann habe ich sie auch sozusagen in die Hand zu nehmen. Meine Erfahrungen mit dem Bau allerdings sind klein. Ich habe als Seminarist immer wieder auf dem Bau gearbeitet, dabei auch etwas verdient, zwar nicht viel, aber wohl doch mehr, als ich genützt habe. Ich habe sehr gute Erinnerungen an meine Kollegen von damals, an ihre Freundlichkeit, mit der sie mit dem Ungeschickten umgegangen sind, und vor allem auch, daß sie gegenüber jenem, der Lehrer werden sollte, ohne Neid waren. Ich erinnere mich an jenen

Handlanger, der ganze Shakespeare-Dramen auswendig konnte, und ich erinnere mich daran, daß man ihn dafür nicht ausgelacht hat und als Spinner bezeichnet, sondern daß man sein Wissen verehrt hat, ohne ihn zu verstehen. Ich erinnere mich an Poliere und Bauführer – auch an einen Polier, der nicht viel anderes im Sinn hatte, als den Leuten das Leben schwer zu machen. Oft ist der Lohn, den man erhält, eine Entschädigung für ertragene Beleidigungen. Ich bin diesen Beleidigungen als Schriftsteller nicht mehr tagtäglich ausgeliefert. Nichts unterscheidet meine Arbeit so sehr von Eurer wie dieser Umstand, daß ich meine Arbeit tun kann, ohne dauernd zusammengeschissen zu werden.

So gesehen, habe ich keine Ahnung von der Arbeitswelt, und meine Beobachtungen beschränken sich weitgehend auf Gespräche in der Beiz, wenn ich die Arbeiter treffe nach Feierabend. Nicht etwa nach meinem Feierabend, denn wer nicht regelmäßig arbeitet, der hat auch keinen Feierabend, sondern nach ihrem Feierabend, um den ich sie fast ein wenig beneide. Sie kommen von der Arbeit, sie haben einen ganzen Tag lang am Leben teilgenommen, auch an seinen Mühen und auch an den Beleidigungen des Lebens. Ich stelle fest, daß ich nie so wenig zu ihnen gehöre wie jetzt, wo wir am selben Tisch in der Beiz sitzen, daß uns kaum etwas so unterscheidet wie ihr Abend und mein Abend. Meine Mitgliedschaft in der Gewerkschaft Bau und Holz ist vielleicht auch der romantische Versuch, doch noch ein bißchen dazuzugehören. Ich hätte Verständnis dafür, wenn ein wirklicher Arbeiter meine Mitgliedschaft als Schwindel und Beleidigung empfinden würde.

Hier habe ich wohl einen Begriff zu erklären. Es passiert mir immer wieder in Diskussionen, daß meine Gegner sagen: »Es gibt doch gar keine Arbeiter mehr, was ist das denn, ein Arbeiter, der Generaldirektor der Firma Soundso ist auch nur Lohnempfänger.« Ein Arbeiter ist für mich jener, der durch den Verlust seiner Arbeit in existentielle Schwierigkeiten gerät, jener, der ausschließlich von seiner Arbeit lebt. Genau das möchten die anderen so gerne wegdiskutiert haben.

Wir leben in einem reichen Land, in einem Land

von Reichen. Reichtum kann Arbeit lächerlich machen, wenn man mit Geld allein, mit Spekulation, mehr verdienen kann als mit Arbeit. Jeder Volkswirtschafter weiß zwar, daß nur Arbeit wertvermehrend sein kann. Aber der Reichtum dieses Landes hat sich unverhältnismäßig zur Arbeit vermehrt. Geld ist alles, und erarbeitetes Geld wird lächerlich.

Am Freitag nach Feierabend füllen die Arbeiter in der Beiz ihren Lottozettel aus, jeden Freitag den kleinen Traum von der großen Million, jeden Freitag den Traum, am Montag zu den anderen, zu den Reichen zu gehören, jeden Freitag den kleinen Abschied davon, von seiner Arbeit zu leben. Vielleicht kommt er am Montag nicht mehr, gehört er am Montag nicht mehr zu uns; und sollte am Sonntag zuvor eine Abstimmung über ein Steuergesetz sein, wird er schon jetzt mit den Reichen stimmen, denn am Montag möchte er ja auch einer sein.

Diese Versammlung hier ist keine Versammlung von Reichen – ich weiß es –, aber sie findet in einem reichen Land statt, im reichsten Land der Welt, und der Traum vom plötzlichen Reichtum sitzt in unseren Köpfen. Reich sind wir nicht, aber der Virus Reichtum macht uns schon alle krank, und die bürgerliche Vorstellung, daß Freiheit nichts anderes ist als das Recht aller, reich zu werden, das wird auch mehr und mehr unsere Vorstellung. Wer Freiheit mit Reichtum verwechselt, der hat sie bereits verkauft.

Der Virus Reichtum – wie sieht er aus? Vorerst mal wie alle anderen Viren auch, man sieht ihn nicht und versucht ihn zu verleugnen. Es ist eigenartig, wieviel Ärger man verursacht, wenn man irgendwo in unserem Land erzählt, daß dieses Land das reichste der Welt sei. Da sind uns plötzlich Rekorde nicht mehr genehm. Da wird plötzlich wieder von den eigenen Armen und der eigenen Armut gesprochen, und daß es genügend Elend gebe im eigenen Land, und daß man hier zuerst schauen solle und hier zuerst helfen. Aber sobald man sie benennt, diese Armen, die Drogensüchtigen zum Beispiel, dann wollen dieselben Leute nichts davon wissen und sprechen von ausrotten und an die Wand stellen. Und wenn man sie benennt, die

Armen, die Arbeitslosen zum Beispiel, dann wollen sie nichts davon wissen und behaupten, daß alle nur faul seien, und wenn man sie benennt, diese Armen im eigenen Lande, Flüchtlinge, die als unsere Gäste hier leben, dann will man nichts wissen davon, und spricht wieder davon, daß wir genug Armut hätten.

Wo ist sie denn, diese Armut im eigenen Land? Wenn niemand sie benennen will? Ich kenne die Antwort: die Bergbauern vielleicht, und es gibt arme Bergbauern und sie werden sehr schnell zum Alibi für den ganzen Reichtum unseres Landes. Wir stellen uns alle arm dar, als ob wir alle Bergbauern wären, wir sind stolz darauf, daß wir alle aus der Armut kommen. Zum mindesten der Großvater war noch arm.

Oder liegt es vielleicht daran, daß wir ein sehr kleines Land sind und unsere Kleinheit als Armut empfinden? Der Reiche sei geizig, sagt man. Ist er es vielleicht nur deshalb, weil er sich als armen Schlucker darstellen will? Wir sind nicht die Armen dieser Welt, und auch unsere Arbeiter sind nicht die Armen dieser Welt. Im Gegenteil, wir haben alle schon das Gehabe von Reichen angenommen. Wir sind zwar nicht alle reich, aber wir denken bereits alle wie die Reichen.

Ich war mal bei einem Reichen zu Besuch und sollte dort übernachten. Bevor man schlafen ging, wurde ich mit der Sicherheits- und Überwachungsanlage vertraut gemacht: Ab jetzt die Fenster nicht mehr berühren. Im Garten eine Flutlichtanlage, die bei Alarm grell aufleuchtet. Sie haben sich abends eingeschlossen ins eigene Gefängnis. Ich überlegte mir, was ich hier stehlen würde als Einbrecher, und es fiel mir beim besten Willen nichts ein, ein Hallenbad und ein Freibad kann man nicht stehlen, die Möbel waren geschmacklos und die Bilder ein billiger Schmarren. Ich nehme auch nicht an, daß die Reichen Geld zu Hause haben. Es gab in diesem Hause nichts, nicht einmal das Haus selbst, was ich hätte besitzen wollen.

Übrigens mußten sie an diesem Abend die Sicherheitsanlage noch einmal ausschalten, um mich rauszulassen, ich verzichtete darauf, im Gefängnis zu schlafen, und besorgte mir ein billiges Hotel. Dort schlief ich allerdings auch schlecht, denn die Frage ließ mich nicht los: Warum beschützen sich Reiche, denen man gar nichts stehlen kann, die ihre Wertsachen im Safe und auf der Bank haben? Fürchten sie sich vielleicht nur davor, daß sie jemand hassen könnte für ihren Reichtum – und wenn, wie kommen sie auf eine solche Idee? Sie lieben ihn doch, ihren Reichtum, und alle ihre Nachbarn in ihrem Quartier sind auch reich, und sie haben Zutritt zu den besten Gesellschaften. Dort werden sie miteinander sprechen über die Gefahren unserer Zeit, über Terrorismus und böse Linke, über die mangelnde Sicherheit in unserer Gesellschaft und darüber, daß niemand mehr Respekt habe vor Besitz.

Sie werden sich gemeinsam fürchten und sich gemeinsam beklagen und sich gemeinsam bedauern. Sie haben es sehr schwer, die Reichen, und die Sicherheitsanlage kostet ein Heidengeld, und die Armen wissen nichts davon, wie schwer es die Reichen haben. Ich habe bei jenen Reichen den Eindruck bekommen, daß dies der eigentliche Grund ihrer immensen Sicherheitsanlage ist: Sie möchten sich damit als Gefährdete darstellen, als Bedauernswerte, die in ihrer Existenz dauernd bedroht sind. Sie wollen damit nichts anderes als unser Erbar-

men, und sie tun so, als ob sie die Armen wären.
Wir sind nicht reich, aber wir leben in einem reichen Land, und dieses Land Schweiz verhält sich wie die Reichen. Es stellt sich dauernd als bedroht dar. Niemand ist so bedroht wie wir, niemand ist so arm wie wir, niemand ist so klein wie wir, niemand ist so fleißig wie wir. Unser Fremdenhaß ist ein Teil dieses Verhaltens. Wir sind überzeugt, daß uns jeder Fremde nur bestehlen will, wir halten jeden Flüchtling für einen Betrüger, der nichts anderes will als unseren Reichtum – Wirtschaftsflüchtlinge nennen wir sie.
Wir sind in diesem Land nur noch beschäftigt mit der Verteidigung unseres Reichtums – das heißt, wir sind nur noch damit beschäftigt, den dauernden Beweis zu erbringen, wie schwer wir selbst es haben. Wir sind ein Land von Reichen geworden, in dem sich bald jeder einzelne verhält wie die Reichen – unabhängig davon, ob er es selbst ist oder nicht.
Ich rede nicht vom Klassenkampf. Er wäre unter diesen Bedingungen lächerlich. Ich rede hier nicht vom Kampf gegen die Reichen. Sondern

ich rede von all diesen Einzelkämpfern, die nichts anderes im Sinne haben als Reichtum. Ich rede vom Virus Reichtum, der in uns allen drinsteckt, der uns alle entsolidarisiert, der uns alle mehr und mehr unfähig macht, gewerkschaftlich zu denken.

Das ist nicht die Schuld von einzelnen, so sind wir alle gemeinsam geworden, ohne es zu merken.

Der Versuch der Arbeiterbewegung am Anfang unseres Jahrhunderts – nämlich die Arbeiter aus der Armut zu befreien und in ein menschenwürdiges Leben zu führen –, dieser Versuch ist fehlgeschlagen, weil unsere Gesellschaft mehr und mehr nur zwei Dinge anzubieten hat, Reichtum oder Armut. Daß von diesem Angebot alle den Reichtum wählen, ist verständlich. Reichtum aber ist nur dann zu genießen, wenn es Arme gibt, also brauchen wir Arme, um reich zu sein – und diese Armen sind im Ausland. Mitunter in jenen Ländern, wo unsere Schweizer Arbeiter alle Jahre für drei Wochen die Reichen spielen dürfen. Das sei ihnen gegönnt, das haben sie verdient, und drei Wochen sind wenig. Nur sind sie keine Reichen, diese Arbeiter, sie dürfen nur ein bißchen Reiche spielen, und das Spiel genügt, damit sie in ihren Köpfen so zu denken beginnen wie die Reichen.

Wir sind nicht reich, aber wir besitzen die Symbole der Reichen – wunderschöne Autos zum Beispiel, auf Hochglanz poliert, als hätten wir Diener. Ich meine nicht, daß wir sie nicht brauchen, diese Autos – leider, aber wir benützen sie immer noch nicht als Gebrauchsgegenstände, wir haben immer noch das Gefühl, wir sind wer, wenn wir ein- und aussteigen. Es ist uns so viel wert, dieses Auto, daß einige gar eine Autopartei gründen. Es ist uns so viel wert, daß wir das Wort Freiheit bemühen, wenn es ums Gurtenobligatorium geht.

Ich weiß es, ich bin erst fünfzig – und als ich Lehrer wurde vor dreißig Jahren, hätte ich nie davon geträumt, je ein Auto zu besitzen. Inzwischen hatte ich schon viele, und inzwischen haben alle Autos – und zum mindesten die Leute meiner Generation und die älteren verbinden mit diesem Besitz immer noch die Vorstellung von Reichtum.

Und weil sie glauben, der Reiche habe mehr Rechte als die andern, führen sie sich auch so auf und haben als Autofahrer Spaß an ihrer Rücksichtslosigkeit. Und ihre Rücksichtslosigkeit nennen sie Freiheit.

Ivan Illich hat einmal für den amerikanischen Industriearbeiter ausgerechnet, daß er all das, was er in den letzten Jahrzehnten mehr verdiente, nun für sein Auto wieder herzugeben hat, daß das, was der Unternehmer ihm gegeben hat, ihm wieder abgenommen wird vom Unternehmer als Autokonsumenten.

Zudem gibt es verschiedene Autos, auch wenn sie genau gleich aussehen. Das Auto des Unternehmers und der Firma ist eine Investition, mit der man Geld verdient – das Auto des Arbeiters wird von diesem nur verkonsumiert, es bringt keinen Mehrwert.

Aber trotzdem, er besitzt dasselbe Auto wie der Unternehmer. Er besitzt jenes Auto, das vor nicht allzulanger Zeit nur die Reichen hatten, und er fühlt sich als Reicher in seinem Auto und beginnt so wie sie zu denken. So hat das Auto einen doppelten Vorteil für die andere Seite, man macht mit ihm den Arbeiter zum Großkonsumenten, und gleichzeitig zieht man ihn damit politisch auf die Seite der Besitzenden. Denn ein

Besitzender ist er jetzt auch, der Besitzer eines Autos. Man muß ihm jetzt nur noch sagen, daß ihm jemand diesen Besitz wegnehmen will, und seine Solidarität mit Nichtbesitzenden ist dahin.

Sollen wir dieses Beispiel jetzt auch übertragen auf dieses reiche Land Schweiz? Kann man zum Beispiel behaupten, dieses Land sei rücksichtsloser und arroganter geworden seit seinem Reichtum? Kann man vielleicht behaupten, daß unser Nichteintritt in die UNO mit dem unsolidarischen Verhalten von Reichen zu tun habe, und daß wir neutralitätspolitische Bedenken nur als Entschuldigung vorschieben? Ist es uns vielleicht doch lieber, von unserer Wirtschaft im Ausland vertreten zu werden als von unserem Staat? Nämlich deshalb, weil sich dieser Staat doch freundlich zeigen müßte und nicht rücksichtslos und hart sein dürfte wie die Wirtschaft? Das sind nur Fragen, und ich möchte sie nicht damit beantwortet haben, daß ich sie stelle.

Aber dieser Staat hat einen Ruf zu verlieren, den Ruf, ein humanitärer, international solidari-

7126
7200
7201
7202
7274
7275
7276
7348
7349
7350
7422
7423
7424
7496
7497
7498
7571
7572
7573
7645
7646
7647
7719
7721
7793
7794
7795
7867
7868
7869
7941
7942
7943
8017
8018
8019

7203	7204
7277	7278
7351	7352
7425	7426
7499	7500
7574	7575
7648	7649
7722	7723
7796	7797
7870	7871
7944	7945
8020	8021

scher Staat zu sein, den Ruf, ein mutiger Staat zu sein. Also läßt man ihn doch besser politisch gar nicht antreten, dann muß er sich nicht beweisen. Die vielen Angriffe auf unseren Außenminister Aubert haben auch damit zu tun, daß man ihm übelnahm, daß er versuchte, als Außenminister Außenpolitik zu betreiben. Unsere Wirtschaft will diese betreiben, und sie betreibt sie erfolgreich und mit Gewinn.
Und die Wirtschaft profitiert davon, daß man weiß, daß diese Schweiz ein anständiges Land ist und ein humanes.
Sie profitiert zum Beispiel davon, daß die Schweiz das Land des Roten Kreuzes ist.
Geben wir es doch zu, dieses Land wäre heute absolut unfähig, so etwas wie ein Rotes Kreuz durchzusetzen, alle Länder der Welt von seiner Notwendigkeit zu überzeugen. Ich höre schon die Stammtischgespräche, wenn wir heute so etwas tun wollten. Die Wirtschaft lebt also mitunter auch von der Gründung des Roten Kreuzes, von einer Gründung, die sie wohl heute mit allen Mitteln verhindern würde, mit denselben neutralitätspolitischen Gründen, die sie auch gegen den Beitritt zur UNO anführte.

Denn dieses Rote Kreuz wurde nicht in einer reichen Schweiz gegründet. Dieses Rote Kreuz wurde nicht in der Absicht gegründet, daraus Nutzen zu schlagen. Und zur Zeit seiner Gründung waren wir wirklich noch ein Land mit großer eigener Armut. Die Schweiz war damals noch ein typisches Auswanderungsland, es gab noch Hunger in der Schweiz.

Es scheint eigenartig, daß eine arme Schweiz dazu fähig war. Und es sei hier auch erwähnt, daß es mitunter reiche Industrielle waren, die diese Gründung unterstützten. Vielleicht dachten damals sogar einzelne Reiche nicht so wie inzwischen wir alle.

Aber es ging damals nicht darum, unseren Reichtum mit anderen teilen zu müssen – es ging nur darum, mit anderen, mit noch Ärmeren, solidarisch zu sein. Eine arme Schweiz konnte das, eine reiche kann das nicht mehr. Das Argument von der Armut im eigenen Land hatte damals kein Gewicht. Damit wäre wohl der Beweis erbracht, daß das Argument heute nur eine billige Entschuldigung ist. Reichtum und Solidarität schließen sich offensichtlich aus.

Der Reiche kann eigentlich nur noch mit dem Reichen solidarisch sein, der Schweizer nur noch mit dem Schweizer. Nehmen wir als Beispiel die Unwetterschäden in den Alpen und vor allem im Urnerland. Ich möchte nicht das Elend von Menschen hier politisch ausnützen; die Leute dort haben Schreckliches mitgemacht, und was sie mitunter verloren haben, ist vielleicht nie mehr, und ist nicht mit Geld gutzumachen.

Aber immerhin geschieht diese Katastrophe in einem Land, das glücklicherweise fähig ist, zu reagieren, das die technischen Mittel und die Fachleute besitzt, um schnell das Nötige zu tun. Auch das – das sei zugegeben – hat mit dem Reichtum unseres Landes zu tun. Unser Reichtum ist also erfreulich – er ist es. Erfreulich ist auch, wie schnell die Schweizer bereit waren, zu spenden. Und erfreulich ist, daß die sammelnde Organisation dabei auch an andere Katastrophen, in Ostasien zum Beispiel, gedacht hat und bereit war, vom Sammelergebnis abzugeben. Dies wiederum war ein gefundenes Fressen für einen Teil unserer Medien. Sie entdeckten, daß diese kleine Abzweigung fürs Ausland wohl nicht im Sinne der Spender sei, und schrien auf. Sie entdeckten dann auch, daß das Geld in Uri noch nicht angekommen sei, und schrien auf. Sie betreiben die dauernde nationalistische Verhetzung unter dem Vorwand, daß die Schweizer ja so denken würden. Und sie sind im Recht, die Schweizer denken wirklich so, also kann man dieses Denken auch verstärken.

Endlich ist das passiert, wovon immer alle sprachen: Endlich haben wir wieder die eigene Armut, die eigene Katastrophe – endlich sind jene wieder im Unrecht, die von Entwicklungshilfe und Hilfe an die Hungernden dieser Welt sprechen.

Ist das denn wirklich unsere persönliche Leistung, daß wir so reich sind? Und ist das wirklich die persönliche Schuld der Ostasiaten, daß sie arm sind? Ist das wirklich einfach so wie bei den Olympischen Spielen: Der Stärkere gewinnt – und wir sind für *unsere* Leute? Ist es so, daß wir an Schweizer denken, wenn wir an Menschen denken? Stimmt es, daß der Reiche nur noch mit dem Reichen solidarisch sein kann – der Schweizer nur noch mit dem Schweizer?

Ist unsere Schweiz in den letzten paar Jahrzehnten wirklich so klein und so eng geworden? Sind wir Schweizer wirklich wie die Reichen, die sich einsperren in ihrem eigenen Luxus? Ist für uns wirklich all das, was Ausland heißt, nur noch eine Gefahr, vor der man sich schützen muß, und nur dann von Interesse, wenn es uns Geld bringt, oder wenn wir dort so billig wie möglich unsere Ferien verbringen können?

Warum nimmt unser Fremdenhaß in dem Maße zu, wie unsere Auslandreisen zunehmen? Ist es vielleicht so, daß wir das nicht aushalten, daß wir es wirklich nicht aushalten, die Armut anderswo zu sehen, daß wir es nicht aushalten, die Armen zu mißbrauchen – zum Beispiel auch sexuell zu mißbrauchen – und daß uns bei unserem schlechten Gewissen nur die Verachtung bleibt, nichts anderes bleibt, als sie zu verachten, weil wir uns selbst verachten. Daß uns nichts anderes bleibt, als unseren Reichtum als unsere persönliche Superleistung anzusehen und ihre Armut als ihre persönliche Schuld.

In einem Aufsatz über Rassismus hat der französische Philosoph Jean-Paul Sartre festgestellt, daß Rassismus im Baugewerbe am seltensten sei und fast unbekannt. Denn in diesem Gewerbe hätten schon seit Jahrhunderten verschiedene Nationen zusammengearbeitet. Schon in der vorindustriellen Zeit wanderten die Bauhandwerker durch ganz Europa, und jede Nation hatte ihre Spezialität anzubieten.

Mir hat diese Stelle in Sartres Essay schon immer sehr gefallen. Ich habe es auch geglaubt vor dreißig Jahren, und meine Erfahrungen als Schüler auf dem Bau haben sich mit Sartres Beobachtungen gedeckt.

Um so mehr schmerzt es mich, wenn heute immer wieder Bauarbeiter in vorderster Front stehen, wenn es um die Hetze gegen Fremde geht. Ich warte immer noch auf jenen, der aufsteht, wenn gegen Türken und Jugoslawen und Spanier geschimpft wird – der aufsteht und sagt: »Halt, das sind meine Kollegen!«

Da genügt es nicht zu sagen, daß einzelne von ihnen schon recht sind – denn einzelne Schweizer sind es auch –, entweder sind alle Kollegen oder keiner. Seine persönliche Fähigkeit oder Unfähigkeit hat damit nichts zu tun, und daß wir Schweizer sind, ist weder eine persönliche Fähigkeit noch unser persönliches Verdienst.

Und hier muß ich ein Wort erwähnen, nur ein Wort – nur damit es erwähnt ist –, ein Wort, das vor Jahren noch niemand kannte, auch jene nicht, die mit Begeisterung ihre Ferien in Ceylon verbrachten.

Nur ein Wort: Tamilen.

Ich möchte hier nicht über ihr Schicksal sprechen, über ihr Recht oder über ihr Unrecht auf Asyl. Ich bin nur entsetzt darüber, mit wieviel abgrundtiefem Haß von ihnen gesprochen wird. Die Witze, die über sie gemacht werden, sind keine Witze, sondern brutale Aufforderungen, sie zu vernichten. Fast ausnahmslos sind es dieselben Witze, die die Vernichtung der Juden vorbereiteten. Was haben sie uns angetan, diese wenigen? Ist diese Schweiz wirklich durch sie in Gefahr? Sind wir wirklich so schwach, daß uns die Tamilen gefährden können? Oder ist es vielleicht doch so, daß diese Schweiz nur noch aus ihrem Reichtum besteht, daß wir nichts anderes mehr zu verteidigen haben als unser Geld? Daß wir gar keine eigene Kultur mehr haben, auf die wir vertrauen könnten? Wir haben – so scheint mir – das Vertrauen in unser Land verloren – vielleicht auch deshalb, weil unser Land keine Idee mehr ist, sondern nur noch ein Erfolg – und Erfolge sind leichter zu verlieren als Ideen. Wir sind die Reichen, die bestohlen werden können. Die Legende von unserer Freiheit, von unserer Neutralität, von unserer Humanität lockt Verfolgte in unser Land – wir aber sind überzeugt, daß sie nur wegen unseres Reichtums kommen – nämlich weil wir selbst nur noch an den Reichtum unseres Landes glauben.

Und es geht nicht um den Reichtum, den jeder einzelne besitzt, sondern um den Virus Reichtum, den wir alle in unseren Köpfen haben.

Was sollen wir tun gegen diese Krankheit, die unser Land mehr und mehr besetzt und für nichts mehr anderes Platz läßt?

Was sollen wir tun dagegen – ich weiß es nicht. Wer will denn schon ärmer werden – was gibt es für Gründe, ärmer zu werden? Wohl keine! Was gibt es für Gründe, mit jemandem zu teilen? Wir kriegen diesen Reichtum nicht aus unseren Köpfen, und er beginnt, unsere Köpfe zu zerfressen.

Meine Ansprache ist wohl keine gewerkschaftliche, und das Problem, von dem ich spreche, ist wohl nicht durch Gewerkschaften zu lösen.
Aber unsere Gewerkschaften haben in einem reichen Land zu arbeiten. Sie haben mit Mitgliedern zu arbeiten, für die das Wort Solidarität keinen Klang mehr hat und internationale Solidarität schon gar nicht mehr. Auch die Solidarität hat nur zu rentieren, sie heißt Prosperität.
Die Gewerkschaften haben ein großes Verdienst in ihrem Kampf, die Arbeiter vom Hunger zu befreien; sie haben dem Arbeiter zu einem menschenwürdigen Leben verholfen. Es läßt sich in diesem Land menschenwürdig leben.
Ich weiß, wieviel Arbeit ein Gewerkschaftssekretär leistet, ich danke ihm dafür, und er hat meine Hochachtung. Aber ich weiß auch, wie verzweifelt er es tut.
Daß der Virus Reichtum in unseren Köpfen sitzt, das ist nicht die Schuld des Sekretärs, aber es ist wohl traurig für ihn zu sehen, daß er mit entso-

lidarisierten Menschen zu tun hat. Die Gewerkschaften hatten einmal die Internationalität auf ihre Fahne geschrieben – ausgerechnet als sich die großen Firmen zu internationalen Multis entwickelten, ließen sie die internationale Solidarität fallen, nicht etwa aus Überzeugung, sondern weil sie sie vor ihren Mitgliedern nicht mehr vertreten konnten.

50 Jahre Frieden sind genug – ich möchte dazu hier keine Stellung nehmen. Ich verstehe die Lust jener Leute, aus den Gewerkschaften wieder kämpferische und solidarische Kräfte machen zu wollen. Ich verstehe ihre Hoffnung auf neuen Wind. Das ist klassenkämpferisch gedacht – aber zu jener Klasse, die bekämpft werden soll, gehören wir alle schon längst – nicht weil wir Reiche sind, sondern weil wir nur noch Reichtum im Kopf haben. Wir müßten gegen uns selbst kämpfen – es wäre schön, wenn wir das könnten. Niemand kann das.

Wir sind eingesperrt in unseren Reichtum.

Daß wir uns schlaumeierisch fernhielten von der Europäischen Gemeinschaft, das hat uns wohl auch finanziell genützt, aber junge Schweizer bekommen es schmerzlich zu spüren, wenn sie ihre Erfahrungen im Ausland machen wollen und eine Aufenthaltsbewilligung in Italien, in Frankreich oder England haben möchten, ihr bundesdeutscher Kollege kriegt sie mühelos, aber der Schweizer aus dem kleinen Land muß nach Hause.

Er fühlt sich eingesperrt in einem reichen Land. Da nützt es nichts, ihm zu sagen, daß wir dafür gekämpft haben, und daß der Großvater noch arm war und daß die Altwohnungen unhygienisch waren. Tausende von jungen Menschen sind auf der Suche nach dieser ganz einfachen Altwohnung. Anschlagbretter in der ganzen Schweiz sind vollgeklebt mit verzweifelten Wünschen nach dieser einfachen Wohnung. Alle stellen sich vor, daß es doch in Zürich und in Bern und in Solothurn so etwas geben müßte. Es gibt das nicht mehr. Der Boden ist zu teuer, man kann auf ihm nichts Billiges stehen lassen.

Übrigens ist es nicht nur der Preis, der junge Leute von solchen Wohnungen träumen läßt, sie suchen vielmehr nach einer Umgebung, die noch nicht durch Reichtum sterilisiert ist. Nicht alle leben gut im Reichtum. Er kann sehr eng und zum Gefängnis werden.

Wir brauchen nicht mehr Geld für dieses Land, wir brauchen mehr Zeit und mehr Ruhe für dieses Land. Die Schweiz ist ein schönes Land – sollte es aber bereits zerstört sein, dann haben wir, wir Schweizer es zerstört, und sollte es noch zerstört werden, dann werden wir Schweizer es zerstören – nicht die Tamilen, nicht die Türken, nicht die Spanier –, wir selbst.
Unsere Wut auf die Fremden ist eine Wut auf uns selbst.

Und zum Schluß noch eine kleine Bemerkung:
Ich habe nicht von den Schweizer Banken gesprochen. Das ist vielleicht aufgefallen. Ich habe nicht von ihnen gesprochen, weil sie mit meinem Thema nichts zu tun haben.
Auf sie zu schimpfen und dabei zu fürchten, das kleine Sparbüchlein mit 2163 Franken 35, das wir der Steuer verschweigen, könnte entdeckt werden – das scheint mir billig.
Mit seinem Verschweigen verdient der Inhaber zwar kein Geld. Im Gegenteil, er verliert Geld

damit. Aber er hat gehört, daß das die Reichen auch tun, und daß es Reiche gibt, die keine Steuern bezahlen.
Also tut er es auch, wenn auch mit Schaden.
Wir sind nicht alle reich, aber wir denken alle wie die Reichen.

Die Armee
ist tödlich

»Als ich jung war, wurde ich eines Tages einberufen, um meinen Militärdienst zu leisten, aber ich verweigerte ihn aus Gewissensgründen. Man sagte mir, es handle sich nicht darum, in den Krieg zu gehen, sondern nur darum, zwei Jahre lang einige einfache militärische Übungen auszuführen, die meinen Körper stärken und meinen Charakter bilden würden. ›Meine Herren‹, erwiderte ich, ›die Funktion entwickelt das Organ. Ich werde Ihrem Aufruf Folge leisten, doch nach zwei Jahren einfacher militärischer Übungen müssen Sie mir gestatten, einen Menschen zu töten, eine Alte zu erstechen, ein Mädchen zu schänden, eine Bibliothek in Brand zu stecken und eine Kirche auszurauben.‹«
Das habe ich nie gesagt.
Und jener, der es geschrieben hat – Ennio Flaiano in seinem »Nächtlichen Tagebuch« –, der hat das in Wirklichkeit auch nicht gesagt. Er mußte als Unterleutnant am italienischen Äthiopien-Feldzug teilnehmen, und er hat später in seinem Roman »Tempo di uccidere« darüber geschrieben – einem der schönsten und traurigsten Bücher, die es gibt.

Den Abschnitt in seinem Tagebuch hat er viel später geschrieben, als Fiktion, als Utopie, als Vorstellung.

Daß man auch *nicht* gehen kann, nicht gehen muß, nicht gehen sollte – das wußte ich schon damals, als ich einrückte in dieser Kaserne hier, in der wir jetzt sitzen.

Es gäbe Geschichten darüber zu erzählen, von einem dummdreisten sadistischen Feldweibel, vor dem uns niemand in Schutz nahm, Geschichten von guten Kollegen, einem freundlichen Leutnant. Ich mag sie hier nicht erzählen.

Ich erinnere mich, wie wir um unser Leben rannten, wenn abends etwas schief ging mit der Straßenbahn, mit dem Bezahlen in der Beiz.

Mein Bettnachbar hatte es einmal nicht ganz geschafft – eine Minute zu spät –, und ich sah nachts, wie er aus dem Dachfenster kletterte, und ich rannte hinauf, und ich hielt ihn an den Füßen zurück, und er wollte raus und runterstürzen, und ich schrie um Hilfe, lag nun selbst auf dem Dach; ich hielt seine Füße, meine Kameraden meine. Wir haben es geschafft – er kam ins Krankenzimmer, und dann haben wir ihn nie mehr gesehen.

Ein Schwächling halt.

Nur eine Minute zu spät war für ihn Grund genug, sein Leben wegzuwerfen. Man diszipliniert mit der Angst – mit der Todesangst. Die Armee ist auch in Friedenszeiten tödlich.

Die Armee ist auch ästhetisch. Ich besitze ein schwarzes Feuerzeug im Armeelook – geschwärzter Stahl –, ich besitze eine Stereoanlage – schwarz – im Armeelook. Mir ist alles gräßlich, was mich an Armee erinnert – aber gegen Armeeästhetik kann ich mich nicht wehren.

Ich bin nicht nach Ramstein gegangen. Das interessiert mich nicht. Aber jene, die gegangen sind, sind nicht gegangen, um Krieg und Tod zu sehen, sondern nur ein bißchen Militärästhetik, Flugästhetik – sie sind wirklich schön, die Maschinen.

Durch menschliches Versagen seien sie abgestürzt, ein grauenhaftes Ereignis an einem wunderschönen Tag mit wunderschönen Vorführungen von wunderschönen Maschinen. Das ist doch kein Versagen, wenn Maschinen, die

gebaut werden, um zu töten, es auch tun. Ab und zu tun sie es selbst und lassen sich von ihrer Bestimmung durch Menschen nicht abhalten. Militär ist tödlich.
Aber die anderen haben auch Militär – töten auch. Wenn wir nicht bereit sind zu töten, dann töten sie. Und sie, die anderen, sind nicht neutral, und sie sind nicht human und nicht liberal und nicht eine Milizarmee und keine demokratische. Ein paar Jahre nachdem ich hier in dieser Kaserne war, habe ich in Prag tschechische oder russische Soldaten – ich kann das nicht unterscheiden – exerzieren sehen. Und das sah ganz genau gleich aus, wie *wir* exerzierten hier in Basel, und der Offizier schrie genau gleich, und die Schuhe klapperten genau gleich. Und ich erkannte einige meiner Kameraden im tschechischen Zug – zweithinterste Reihe, Mitte links – ein Ungeschickter, immer einen halben Schritt zu spät wie ich, und Schritt für Schritt durch zunehmende Angst ungeschickter. Ich hätte hingehen können und sagen: »Laß mich mal, ich habe das gelernt in der Schweiz, und ich kann das so gut und schlecht wie du«, und ich wäre nicht aufgefallen, und ich hätte die

Befehle verstanden, ohne ein Wort Russisch oder Tschechisch zu verstehen. Warum sind die Armeen, die es nur gibt, weil es die anderen Armeen auch gibt, und nur, weil die andere Armee eine Gefahr ist – warum sind sie alle genau gleich? Und alle für den Frieden, alle für die Verteidigung, alle für die Disziplinierung, alle zum genau gleichen Exerzieren?
Das ist doch eigenartig.
Und warum darf ich als Schweizer Bürger und Schweizer Soldat von dieser Armee weniger wissen als der russische Geheimdienst, und der russische Soldat wohl weniger über seine Armee als der amerikanische Geheimdienst?
Wohl weil Geheimhaltung immer Geheimhaltung vor dem eigenen Bürger ist.
Der eigene Bürger gefährdet die Armee, niemand so wie der eigene Bürger.
Ob sich das wohl auch umkehren läßt?
Mir fällt es furchtbar schwer, hier zu sprechen. Eine Grippe wäre mir jetzt lieb. Ich hätte mich vor dieser Veranstaltung so gern gedrückt wie vor dem Militärdienst – das habe ich nicht getan – leider –, also kann ich es auch hier nicht tun.
Aber ich fürchte mich, ich habe Angst.

Ich hatte immer Angst, wenn ich ans Militär dachte. Ich träume nachts oft davon – und es sind kleine Spießerträume über einen kleinen Rostfleck an meinem Messer, über einen kleinen Fehler, der einen ins Gefängnis oder aufs Dach der Kaserne bringen könnte. Ich weiß, daß ich mich mit dem Schreiben dieses Textes wiederum um meinen guten Schlaf bringen werde – ich werde wieder davon träumen, daß ich eine Minute zu spät einrücke, und ich werde schweißgebadet erwachen.

Mir wäre es lieb, diese Sache zu verdrängen. Ich habe diese Initiative nicht unterschrieben aus diesem Grunde. Ich wollte nicht darüber sprechen müssen, darüber nachdenken müssen. Nun ist sie zustande gekommen, und niemand braucht mich zu fragen, wie ich stimmen werde.

Denn meinen Freund Franz hat es auch umgebracht. Franz war nie so ängstlich wie ich. Franz ließ sich nicht auf die Kappe scheißen. Die Offiziere fürchteten sich vor Franz und quälten ihn. Und wenn wir schon von der Armee sprechen, dann doch noch diese lustige Geschichte. Man war im WK oben auf der Alp. Die Soldaten zu Fuß, die Offiziere mit dem Jeep. Als sie wieder zurück waren im Tal, nachts um elf, sagte der Hauptmann: »Füsilier Ast, ich habe meine Mütze oben vergessen, gehn Sie schauen, ob sie noch da ist.« Und Franz ging, vier Stunden bergauf, zwei Stunden bergab, und er war zurück zur Tagwache und ging zum Hauptmann und sagte: »Befehl ausgeführt, nachgeschaut, die Mütze ist wirklich noch dort oben.« Dafür kam er in die Kiste, selbstverständlich, und dafür wurde er bekannt. Die Geschichte wird oft erzählt. Das war der Franz – eine himmeltraurige Geschichte –, denn in dieser demokratischen Schweiz gibt es kein einziges Gesetz, das den Hauptmann an dieser Geschichte hindern würde.

Ein Jahr später sollte Franz wieder einrücken. Franz war kein ordentlicher Mensch, und das Zusammensuchen der Ausrüstung war nicht so leicht. Aber er kriegte sie zusammen und packte, und er stand am andern Morgen rechtzeitig auf, zog die Uniform an und die Schuhe, und da riß ihm ein Schuhbändel. Da kriegte er so eine Wut und schmiß den Schuh in die Ecke und ging wieder ins Bett. Er erwartete, daß er

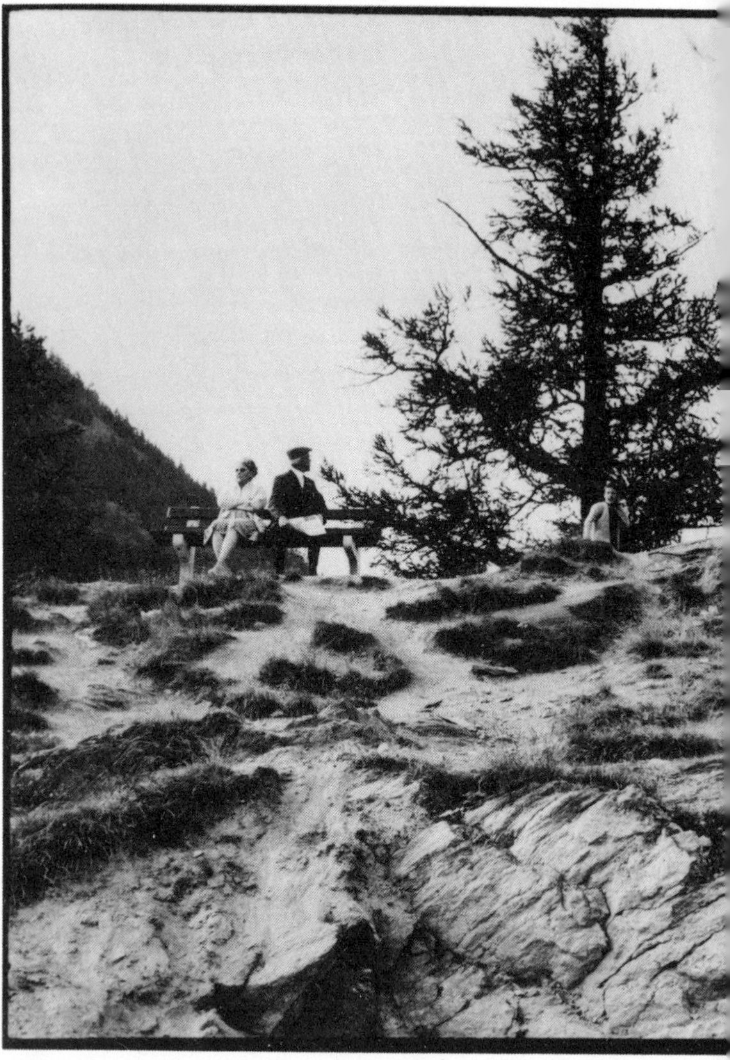

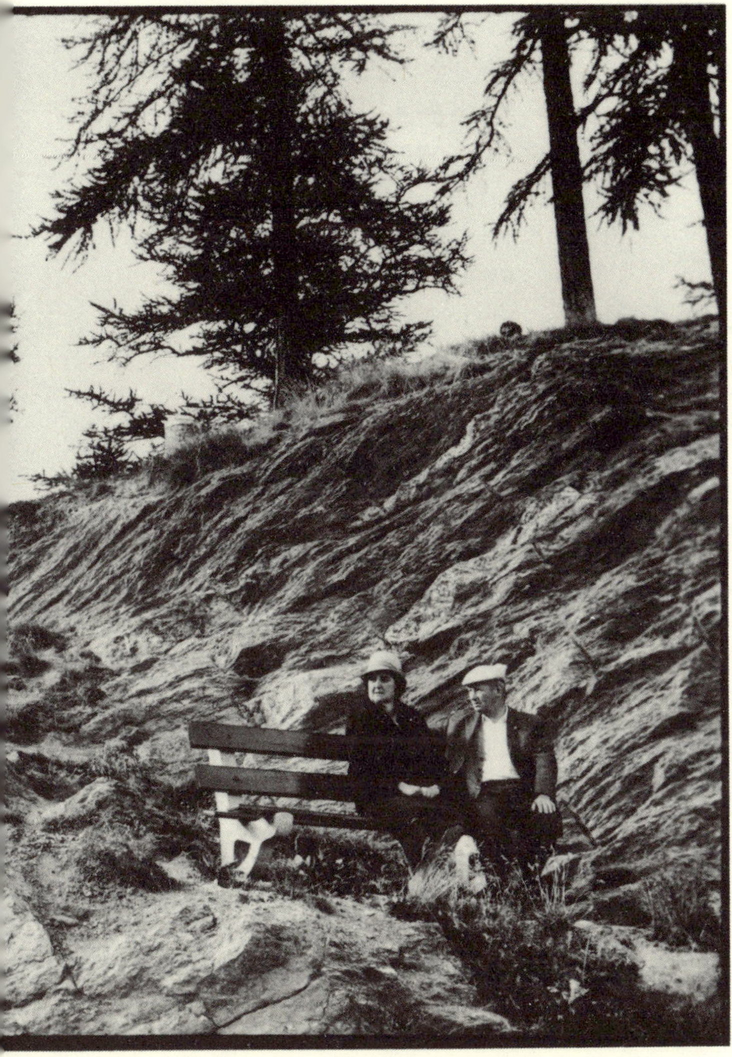

nun geholt würde, aber er wurde nicht geholt oder nicht gefunden. Er erzählte die Geschichte, eine lustige Geschichte – ich fand sie auch lustig, und ich fand sie mutig –, so mutig wäre ich nicht gewesen. Und es dauerte Wochen, bis die Vorladung kam. So lange hat er auch noch gelebt. Als sie kam, hat er sich aufgehängt. Jetzt lebt er nicht mehr. Die Armee ist tödlich.

Der Hauptmann lebt wohl noch – was könnte er denn für einen Grund haben, nicht mehr zu leben.

Immerhin sei zu bedenken, wer der Schweiz die Armee wegnimmt, der nimmt sie auch diesem Hauptmann weg.

Meinem Dienstkollegen René nehme ich sie ungern weg. Wir hatten es so gut zusammen als Sanitäter im Krankenzimmer. Wir hatten schöne Gespräche, gute Gespräche. Er konnte gut erzählen, und er erzählte von seiner großen Familie und von seiner Arbeit in der Fabrik am Band – seit dreißig Jahren schon. Und er ließ mich keine Kiste tragen, und er putzte, und er räumte auf, und er tat alles. Und dann sagte er: »Weißt du, das tu ich gern, weil das immer noch besser ist als am Band sitzen.«

»Für dich ist das wohl etwas anderes«, sagte er.

Was ist das für eine Welt, in der einzelne in der Armee weniger entfremdete Arbeit zu leisten haben als zu Hause.

Nein, dem René könnte ich die Armee nicht wegnehmen. Aber vielleicht stimmt René doch ganz heimlich gegen die Armee – vielleicht. Es war ihm ein großes Problem, daß sein Direktor auch hier im Dienst war als Korporal, nur Korporal. Wäre er als Oberst hier gewesen, das wäre kein Problem gewesen. Aber Soldaten und Korporale duzen sich. Das ist doch schön – der Direktor und der Arbeiter –, René war sehr froh, daß sie sich drei Wochen lang ausweichen konnten.

Aber das sind doch keine Argumente, das sind doch keine Argumente, das sind doch keine Argumente.

Ich habe René nie mehr gesehen, aber ich weiß, er wird für die Armee stimmen.

Das ist ein Argument. Und viele werden für die Armee stimmen, und das werden Argumente sein.

René kann sich diesen Staat, den ich mir ab und

zu vorstelle – und der mir in der Schule erklärt wurde und an den ich glauben will –, René kann sich diesen Staat nicht vorstellen. Für ihn ist der Staat einer, der den Steuerzettel schickt, der Parkverbote aufstellt, der Bußen ausstellt, wenn man das Parkverbot mißachtet, und zwar zu Recht. Der Staat ist für René so etwas wie Frühling, Sommer, Herbst und Winter – der geschieht einfach –, der schickt Zettel, und dann muß man. Man muß sogar abstimmen, und zwar richtig.

Nirgends ist René so sehr mit diesem Staat – von dem er weiß, daß er demokratisch ist und frei ist und gut ist –, nirgends ist er mit diesem Staat so sehr in Kontakt gekommen wie im Militär.

Er stellt sich den Staat so vor wie das Militär – als ein Muß. Er hat den Eindruck, wenn die Armee abgeschafft würde, wäre der Staat abgeschafft – und den brauchen wir doch, sonst parkiert jeder, wo er will.

Das ist das Elend – René weiß zwar, daß er in einer Demokratie lebt, er selbst aber ist kein Demokrat geworden. Er kennt nur diesen Staat, der Macht ausübt, und nirgends kam er ihm so nahe wie im Militär, nirgends machte er so viel Angst, nirgends war er so unausweichlich mächtig.

So gefährdet die Armee dauernd die Demokratie, die sie schützen will.

In der Armee hat der demokratische Staat seine absolutistische Erscheinungsform, seine feudalistische Erscheinungsform – und ich nehme an, daß sie zum Beispiel in einem sozialistischen Land auch die Funktion hat, Sozialismus zu relativieren.

Aber es fällt mir schwer, hier zu sein und all dies zu sagen. Ich habe als Kind dem General Guisan die Hand gedrückt – 1940 in Luzern. Ich mag zum Beispiel alte verrauchte Beizen, in denen der General noch an der Wand hängt. Ich denke dabei nicht an Militär und Armee, nicht einmal an den General – es ist für mich nur ein Requisit von verrauchten Beizen, die ich mag. Ich fühle, wenn ich über diese Sache nachdenken muß, wie konservativ ich selbst bin.

Und ich erinnere mich, wie mein Vater 1939 einrückte – ein richtiger Soldat.

Später habe ich ihn mal besucht mit meiner

Mutter. Er tat in der Nähe Dienst und war auf Sonntagswache. Wir durften nur auf vier Meter an ihn heran. Ich durfte ihn nicht berühren, nicht streicheln. Und er mich auch nicht. Das war ganz schrecklich für den Fünfjährigen, das war brutal, unmenschlich. Die Armee kann keine Rücksicht nehmen auf Gefühle, sie ist unmenschlich, sie ist tödlich, sie nimmt einem die Väter und macht sie hart.

Als die Russen kürzlich erklärten, sie würden alle chemischen Waffen vernichten, da beeilten sich Bern und die Schweiz zu erklären, daß jede Hoffnung darauf gefährlich sei, denn ein Restrisiko bleibe.

(Restrisiko ist ein Wort der Atomenergie-Propagierer. Einmal ist man bereit, es in Kauf zu nehmen, ein anderes Mal nicht – bei der totalen Tödlichkeit nimmt man's in Kauf.)

Und wo auch Abrüstung immer versucht wird, die Schweiz schreit immer als erste und meist als einzige auf. Man fürchtet sich bei uns viel mehr vor einer möglichen Unbrauchbarkeit der Armee als vor einem Krieg.

Unsere Armee ist eine Friedensarmee. Sie hat ihre politische und gesellschaftliche Funktion im Frieden. Weltweite Abrüstung könnte diese Funktion gefährden.

Sie wird nicht abgeschafft werden. Aber es gibt – auch ohne uns – eine schweizerische Urangst davor, daß man sie nicht mehr mit Krieg begründen könnte.

Eine friedliche Welt ist für viele gar nicht so wünschenswert, wie sie behaupten müssen.

Krieg ja, um Gottes willen ja – aber nicht hier, heißt die Parole. Wir Schweizer leben dauernd im Krieg – er ist nur abwesend.

Mir fällt dazu nichts ein, fast gar nichts. Ich fürchte, daß nicht nur die sogenannten anderen unfähig sind zur Diskussion darüber. Ich selbst bin es auch.

Aber ich möchte gesagt haben, so wie Ennio Flaiano gesagt haben möchte:

»Als ich jung war, wurde ich eines Tages einberufen, um meinen Militärdienst zu leisten, aber ich verweigerte ihn aus Gewissensgründen. Man sagte mir, es handle sich nicht darum, in den Krieg zu gehen, sondern nur darum, zwei Jahre lang täglich einige einfache militärische Übungen auszuführen, die meinen Körper stärken und meinen Charakter bilden würden.

›Meine Herren‹, erwiderte ich, ›die Funktion entwickelt das Organ. Ich werde Ihrem Aufruf Folge leisten, doch nach zwei Jahren einfacher militärischer Übungen müssen Sie mir gestatten, einen Menschen zu töten, eine Alte zu erstechen, ein Mädchen zu schänden, eine Bibliothek in Brand zu stecken und eine Kirche auszurauben.‹«

Ich möchte mir eine Schweiz ohne Armee vorstellen können, in Wirklichkeit vorstellen können oder auch nur als Utopie vorstellen können.

Ich kann es mir nicht vorstellen – weil die andern, die andern, die Leute, das Volk, das Publikum –

Also noch einmal Ennio Flaiano:

»Kollektivnamen dienen dazu, Verwirrung zu stiften. ›Volk, Publikum...‹ Eines schönen Tages merkst du, daß wir es sind, obwohl du glaubtest, es seien die andern.«

Notizen
zur Misere

1
Überall, wo es keine Demokratie gibt, ist sie zu erhoffen und erstrebenswert.

2
Das gilt auch für die Schweiz.

3
Die Demokratie ist eine Vorstellung, also etwas Kulturelles. Ihre politische Institutionalisierung ist notwendig und wünschenswert, sie kann aber die demokratische Kultur nicht ersetzen. Die Institution bekommt ohne entsprechende Kultur ihre Eigendynamik und zerstört damit den Traum Demokratie, die Hoffnung Demokratie.

4
Warum?

5
Daß die Demokratie die beste aller schlechten Staatsformen sei, das ist eine alte bürgerliche Beschimpfung der Demokratie. Dieser Satz macht aus der Demokratie ein notwendiges

Übel oder eine Schutzbehauptung der wirklich Herrschenden.

6

Erst nach und nach haben die ehemals Herrschenden gelernt, daß ihnen die Demokratie besser dient als der Feudalismus. Die Demokratie garantiert ihnen, daß sie innerhalb des Systems keine Feinde haben. Es war ihnen vorher nicht vorstellbar, daß die Armut gleich denkt wie der Reichtum.

7

Daß der Mächtige keine Feinde hat, das ist das Ziel aller Systeme. Insofern unterscheidet sich die Demokratie von keinem anderen System.

8

Die Demokratie garantiert heute und vor der Geschichte die Schuldverteilung auf alle, das macht sie für die Herrschenden bequem.

9
Der Erfolg der Demokratie – der vorläufige – besteht ausschließlich darin, daß jeder Bürger das Recht hat, ein Reicher zu werden.

10
In der Schweiz ist die Demokratie bereits eingerichtet, also nicht mehr erstrebenswert. Der Traum Demokratie ist hier ausgeträumt – oder durch den »menschlicheren« Traum, reich und mächtig zu werden, ersetzt.

11
Die Demokratie war ein wirtschaftlicher Erfolg. Sie wurde auch im frühen 19. Jahrhundert mit diesem Argument von den Liberalen propagiert. Das Versprechen der Liberalen ist eingelöst worden.

12
Die Macht der Feudalen wurde durch die Macht der Liberalen ersetzt. Die Schweiz war als Einparteienstaat gedacht. Wer in die Regierung eintritt, tritt in den Freisinn ein. Das ist der einzige Hintergrund des sogenannten Kollegial-

systems, das nirgends in der Verfassung festgelegt ist. Die Organisation der Macht ist in der Demokratie eine Gefühlssache.
Es ist der Demokratie gelungen, Schuld und Pflichten auf alle zu verteilen. Die Macht aber funktioniert immer noch außerhalb des Systems.

13
Innerhalb des Systems geht es um politische Karrieren, die durch die direkte Demokratie keineswegs erschwert, sondern erleichtert werden. Durch die demokratisch verteilte Schuld wird die Verantwortung der Politiker klein.

14
Nicht etwa die demokratische »Durchschnittlichkeit« gefährdet die politische Arbeit und Innovation, sondern der Umstand, daß sich die Politiker auf die Umständlichkeit der Demokratie verlassen.

14
Die Klage über die mangelnde Stimmbeteiligung ist nichts anderes als die Klage der am

System Beteiligten über mangelnde Liebe. Wenn die Stimmbeteiligung 33% war, dann setze ich mich anderntags an die Straße und zähle die vorbeigehenden Leute, und dann staune ich, daß jeder dritte gestimmt oder gewählt hat. Wenn das den Beteiligten zu wenig Liebe ist, dann frage ich mich, woher sie ihren Anspruch nehmen. Der ungewählte Kandidat gibt der mangelnden Stimmbeteiligung die Schuld an seiner Nichtwahl, die abgelehnte Initiative gibt der mangelnden Stimmbeteiligung die Schuld. Eigenartig, die Liebebedürftigen wissen immer, wen die Nichtliebenden lieben würden.

15
Durch die Verteilung der Schuld wird die Macht unkontrollierbar, weil sich die eine Macht – die politische – als klein darstellt und sich die zweite – die wirtschaftliche – hinter der ersten versteckt.

16
»Die machen ja doch, was sie wollen« ist ein Mißverständnis des Bürgers. Die Politik verhält

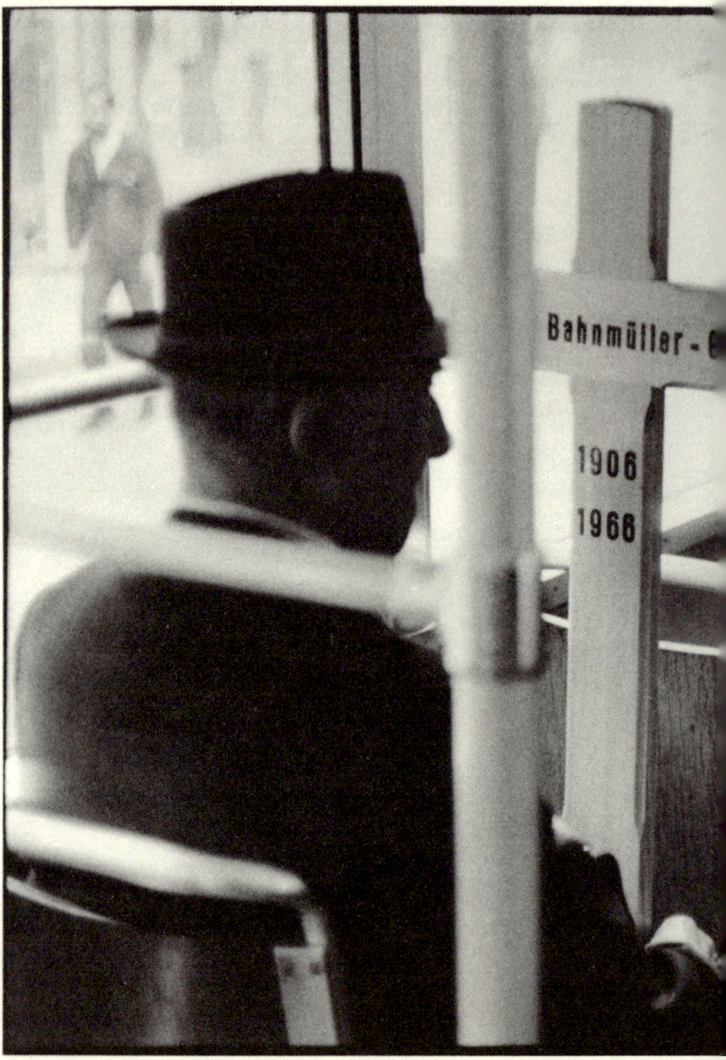
Bahnmüller -
1906
1966

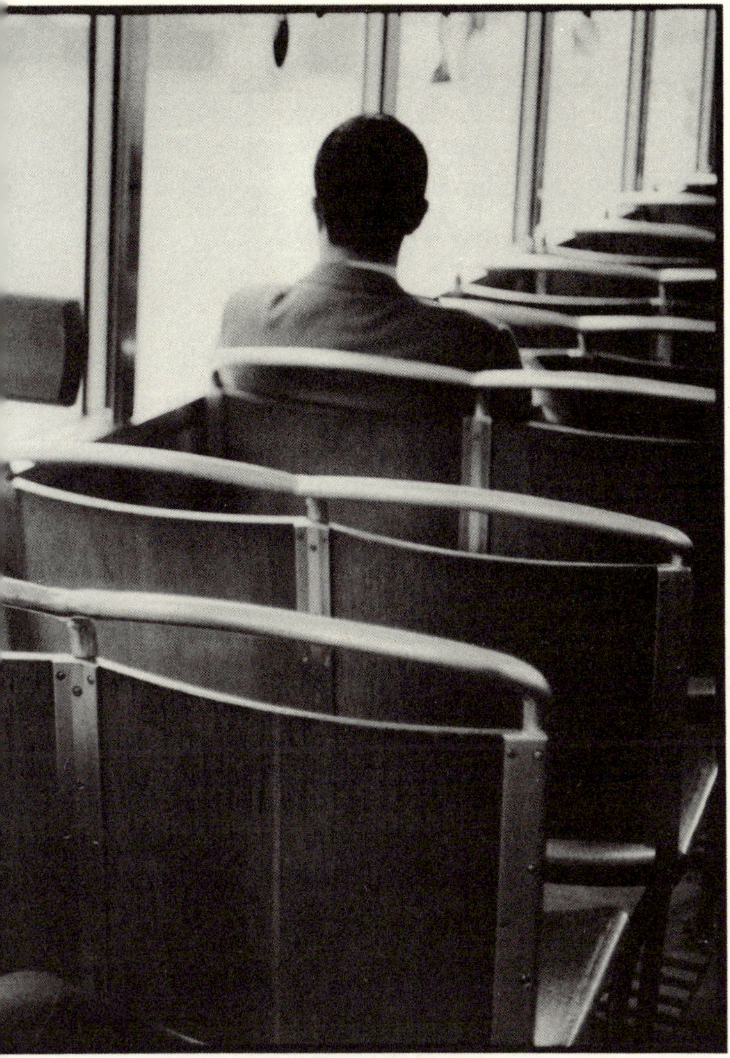

sich legal. Der Bürger aber weiß: wenn er sich mit Politik befaßt, dann befaßt er sich nicht mit der Macht. Er kann nicht über jene Dinge entscheiden, über die er entscheiden möchte. Die Dinge, die ihn unterdrücken, entziehen sich der Aufsicht des Staates.

17
So bleibt ihm wie in jedem anderen Staatssystem nur noch die Hoffnung auf ein paar vertrauenswürdige Politiker, mit dem Unterschied zu anderen Systemen, daß diese Politiker es genießen, keine Macht zu haben. Die Entmachtung der Politik macht alle ohnmächtig; das heißt, sie macht die Mehrheit der wirtschaftlich Machtlosen ohnmächtig und die Minderheit der Großbesitzer mächtig. Die allzu feine Verteilung der »Macht« auf alle ist eine demokratische Forderung, die in ihrer letzten Konsequenz Demokratie verhindert.

18
Die direkte Demokratie ist wohl die idealste Demokratie, aber sie birgt in sich die Gefahr der Selbstauflösung. Selbstauflösung heißt Entpo-

litisierung, Verhinderung von Konfrontation. Im Einparteienstaat können sich keine politischen Ideen entwickeln.

19
Der Demokratisierungsprozeß der Schweiz ist längst abgeschlossen. Er wurde abgeschlossen in einer Zeit mit ganz anderen Problemen. Die Emanzipation der schweizerischen Demokratie ist undenkbar. Wir sind in einer Sackgasse. Nur deshalb sind wir unfähig, auf die Probleme der Welt zu reagieren, unfähig, UNO-Mitglied zu sein, unfähig, der EG beizutreten – auf die Dauer auch unfähig, das zu halten, was wir allein und egoistisch erreicht haben. Und dies unabhängig davon, was wir möchten oder nicht möchten.

20
Kein Schweizer denkt an Demokratie, wenn er an die Schweiz denkt; er denkt nur an Prosperität. Die Demokratie gehört zu seinem Bild der Schweiz schon längst nicht mehr – die ist nur noch da.

21

Daß der reale Sozialismus gescheitert ist, das bringt mich ebenso wenig davon ab, Sozialist zu sein, wie mich das Scheitern der realen Demokratie davon abbringt, Demokrat zu sein.

Allerdings ist es nirgends so schwer, auf den Sozialismus zu hoffen, wie im Sozialismus – nirgends so schwer, auf die Demokratie zu hoffen, wie in der Demokratie.

Quellenverzeichnis

Seite 9 *Des Schweizers Schweiz.* Erstmals in *du*, August 1967.
Seite 37 *Sitzen als Pflicht.* Erstmals in *Weltwoche*, 21. Juni 1968.
Seite 55 *Dem Bestehenden Schwierigkeiten machen.* Dankesrede vom 14. Januar 1969 bei der Verleihung des Förderpreises des Kantons Solothurn.
Seite 71 *Der Virus Reichtum.* Rede vom 25. September 1987 vor der Delegiertenversammlung der Gewerkschaft Bau und Holz (GBH) in Davos. Erstmals in *einspruch*, Nr. 6 (Dezember 1967) und *Widerspruch*, Nr. 14 (1987).
Seite 101 *Die Armee ist tödlich.* Erstmals in *einspruch*, Nr.14 (April 1989).
Seite 119 *Notizen zur Misere.* Erstmals in *einspruch*, Nr. 11 (Oktober 1988).

Fotonachweis

Henri Cartier-Bresson, Paris, fotografierte 1967 im Auftrag der Zeitschrift *du* die Schweiz. Die hier wiedergegebenen Fotos erschienen erstmals in *du*, Aug. 1987.

Seite 17 Saignelégier. Festhütte des Marché-Concours.
Seite 27 Zürich. Werdgässchen.
Seite 33 La Chaux-de-Fonds. Uhrenmuseum.
Seite 43 Bern. Vor dem Bundeshaus.
Seite 49 Vor dem Zürcher Hauptbahnhof.
Seite 61 Bronzestatue der Helvetia von Richard Kissling (1848–1919).
Seite 65 Zürich. Kiosk im Hauptbahnhof.
Seite 70 Zürich. Mineralienausstellung.
Seite 86/87 Irgendwo in der Schweiz. Bankschließfächer.
Seite 110/111 Aussichtspunkt bei Saas Fee.
Seite 126/127 Zürich. Im Tram beim Bahnhof Selnau.

Seite 7 © Josef Stücker, Zürich

Biographische Notiz

Peter Bichsel, 1935 in Luzern geboren, wuchs in Olten auf. Besuchte das Lehrerseminar in Solothurn. Zwischen 1955 und 1968 Lehrer. Lebt seitdem als freier Schriftsteller in Bellach b. Solothurn. 1973–80 Berater des sozialdemokratischen Bundesrates Willi Ritschard. 1981/82 Stadtschreiber von Bergen-Enkheim bei Frankfurt a. M. 1982 Gastdozent für Poetik an der Universität Frankfurt a. M. Mehrere Literaturpreise, u. a. Preis der Gruppe 47 (1965).

Veröffentlichungen: *Eigentlich möchte Frau Blum den Milchmann kennenlernen.* 21 Geschichten (1964). *Die Jahreszeiten.* Roman (1967). *Kindergeschichten* (1969). *Des Schweizers Schweiz* (1969). *Stockwerke.* Prosa (1974). *Geschichten zur falschen Zeit* (1979). *Der Leser. Das Erzählen.* Frankfurter Poetik-Vorlesungen (1982). *Schulmeistereien* (1985). *Der Busant* (1985). *Irgendwo anderswo.* Kolumnen 1980–1985 (1986).

Peter Bichsel
im Luchterhand Literaturverlag:

Der Busant
Von Trinkern, Polizisten und der schönen Magelone
137 Seiten. Gebunden
Auch als Sammlung Luchterhand 781

Geschichten zur falschen Zeit
188 Seiten. Broschur
Sammlung Luchterhand 347

Irgendwo anderswo
Kolumnen 1980–1985
158 Seiten. Broschur
Sammlung Luchterhand 669

Die Jahreszeiten
120 Seiten. Broschur
Sammlung Luchterhand 200

Kindergeschichten
79 Seiten. Gebunden
Auch als Sammlung Luchterhand 144

Der Leser. Das Erzählen
Frankfurter Poetik-Vorlesungen
86 Seiten. Broschur
Sammlung Luchterhand 438

Schulmeistereien
197 Seiten. Gebunden
Auch als Sammlung Luchterhand 697

»Ich bin ein Feuilletonist, und ich gehe auch die politischen Probleme schreibend und poetisch an.« Peter Bichsel über Peter Bichsel

Friedrich Glauser
im Arche Verlag:

Sämtliche Kriminalromane
und Kriminalgeschichten
Der Tee der drei alten Damen
Wachtmeister Studer · Fieberkurve
Matto regiert · Der Chinese · Krock & Co.
Wachtmeister Studers erste Fälle
Einführungen von Frank Göhre
7 Bände in Kassette. 1472 Seiten. Broschur
Auch einzeln erhältlich.

DADA, Ascona und andere Erinnerungen
168 Seiten. Gebunden

Gourrama
Ein Roman aus der Fremdenlegion
309 Seiten. Broschur

Morphium. Erzählungen
264 Seiten. Broschur

Briefe 1. 1911–1935
Herausgegeben von Bernhard Echte
und Manfred Papst
566 Seiten. 14 Abbildungen. Gebunden

Briefe 2. 1935–1938
In Vorbereitung

Zeitgenosse Glauser
Ein Porträt von Frank Göhre
160 Seiten. Broschur

Hannes Binder
Der Chinese. Krimi-Comic
165 Seiten. Broschur

Friedrich Glauser
im Luchterhand Literaturverlag:

Mensch im Zwielicht
Lesebuch
Zusammengestellt von Frank Göhre
Nachwort von Peter Bichsel
273 Seiten. Broschur
Sammlung Luchterhand 814